时间的格局

从出生到青春期的科学养育地图

黄静洁 著

中信出版集团 | 北京

图书在版编目（CIP）数据

时间的格局 / 黄静洁著 . -- 北京 : 中信出版社，2022.5

ISBN 978-7-5217-4272-5

Ⅰ . ①时… Ⅱ . ①黄… Ⅲ . ①儿童教育 — 家庭教育 Ⅳ . ① G782

中国版本图书馆 CIP 数据核字（2022）第 065937 号

时间的格局

著　　者：黄静洁
出版发行：中信出版集团股份有限公司
　　　　　（北京市朝阳区惠新东街甲4号富盛大厦2座　邮编　100029）
承 印 者：北京联兴盛业印刷股份有限公司

开　　本：720mm × 970mm　1/16
印　　张：17.5
字　　数：280千字
版　　次：2022年5月第1版
印　　次：2022年5月第1次印刷
书　　号：ISBN 978-7-5217-4272-5
定　　价：68.00元

服务热线：400-600-8099
投稿邮箱：author@citicpub.com

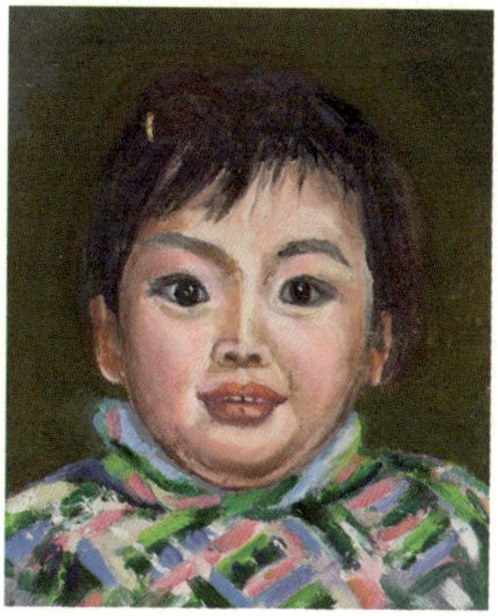

2 岁的我

80 岁的母亲

油画作者：我的母亲

谨以《时间的格局》
作为生命的礼赞
献给我的母亲

时间让女儿成为母亲
时间让两个时代的女人
看见了相同的自己
那就是爱孩子，胜于爱自己

但是，母亲身教我的还有
不放弃时间，不放弃行走
攀登远处的那一座山
为的就是
再看见日出时的那一束光芒

推荐序一

因为爱，所以教育

摆在我面前的，是一本我看起来津津有味放不下的书。

我一直关注教育，一直关注有关教育的宏观、中观和微观的各种问题，并且思考和讨论这些问题。但是，我常常在下面这样的问题上无能为力：

孩子不爱读书怎么办？

孩子“三分钟热度”怎么办？

孩子粗心大意怎么办？

孩子管不住自己怎么办？

孩子不听话怎么办？

……

我在很多谈教育的场合都会碰到苦恼的家长问我这些问题，我往往无言以对。不只是我，绝大多数在教育理念层面思考问题的学者，对此类问题，都缺少实操方案。理念和操作，毕竟是不同的领域。

现在，假如再有家长问我这样的问题，我知道怎么回答他们了：

“去读黄静洁的书。”

作为母亲，她带大过两个男孩。她的小儿子来蹭听过我给成人开设的家庭私塾课，他的优秀使我十分惊讶，以至于我觉得，谭盾先生最优秀的作品，可能还不是获得奥斯卡最佳音乐奖的乐曲，而是他的儿子。哦，错了，这最佳作品的作者应该主要是黄静洁——毕竟是妈妈陪伴更多。这样的妈妈，知道天下的妈妈最关心和最苦恼的是什么。所以，黄静洁的这本书几乎是手把手在教家长们怎么做，而且态度温煦，绝不居高临下。是的，她娓娓道来的亲切和蔼的行文风格也感动了我。

我们不妨来看看她的一个“实战”的例子：

记得很多年前，我带两个儿子去三亚，当时老大10岁，老二3岁，他们正处于喜欢疯狂玩沙玩水的年龄。那天早上，我把他们放到了沙滩上，并约好中午一起吃饭。没想到一直到天黑，他们都不肯离开沙滩一步……我清楚地看见，儿子们早就从与我约定好的时间、责任和“道理”中越界出逃，而且他们心中丝毫没有愧疚之意。

怎么办？我们往下看：

孩子们活在右脑控制的感受里，而父母却想用左脑来快速高效地解决眼前的问题。我的决定是暂时放下左脑，选择用右脑来回应孩子不成熟的左脑所带来的问题。我走过去提醒10岁的哥哥去查询一下涨潮的时间，并随口说了一句：“我们要赶在涨潮前做一个安全的撤退计划！”果然，孩子们一听到“撤退计划”就来劲了，他们对视了一下后立马行动起来，查时间、收道具、为城堡拍照留念等，很快他们就自觉地做好了退出沙滩的准备。

这是一次完美理解孩子大脑发育的“时间差”并利用这个“时间差”解决困境的案例。我相信这种对“孩子大脑发育时间”原理的成功运用，对很多家长都有启发：“原来是这样！原来可以这样！”

但老实说，如果黄静洁止步于此并对这次“成功”津津乐道，我会很失望，因为她这种做法，我在很多类似的儿童教育专家的书中都看到过，我之所以不太佩服这些专家，就是因为他们只是解决了当下的某个“事件”，而没有真正解决引发事件的“问题”，所以，“事件”解决了，但“问题”不但没解决，反而被遮蔽了。

但我相信黄静洁不会让我失望，果然，在我带着期待的阅读中，我很快读到了她下面的话：

这次“撤退计划”的确是我用“计谋”哄得孩子开心了，但棘手的“听话”问题并没有解决。

对了！这就是黄静洁超越很多“儿童教育专家”的地方：她知道真正的问题在哪里，她还知道解决问题的原理在哪里。所以，读黄静洁这本书，我的第一个体会是：找到真正的问题。你要解决的，是问题，你得有一揽子解决同一类问题的方案，而不是层出不穷、千奇百怪的单个事件。一切以能解决当下具体事件为成功的做法，其实都是苟且。而孩子的教育，最怕的就是苟且。所以，家长们必须记住的是：你面对的是问题，而不是事件。

用糖果能解决的，只能是事件；用观念来解决的，才是问题。

《时间的格局》里有大量的“事件”性案例，但它讨论的，其实只有一个东西，那就是“问题”。

找到真正的问题以后呢？——给出一个可行性方案。

这就是这本书给我的第二个感受：它给出了方案。教育需要哲学，但个体的教育，具体教育问题的解决，需要科学，包括社会学、心理学、教育艺术乃至技术等。

关于教育，很多人是提“十万个为什么”，黄静洁则是回答“十万个怎么办”。

发现问题，乃至于在看起来美好的事态里发现潜在的问题，指出解决问题的方向和最终要达到的目标，是哲学；但，解决问题还需要方法，所以离不开科学。

科学不能离开哲学，但哲学不能解决科学才能解决的问题。这是很多教育理论工作者的困境。很多人，包括我自己，都是在谈教育理念和教育目标，而黄静洁是在谈教育科学和教学艺术，甚至教育技术——那种直接面对具体问题，对症下药，药到病除的技术。这是今天的家长们，那些年轻的爸爸妈妈们最需要的东西。黄静洁知道他们的苦恼和本领短缺。

《时间的格局》是一本谈“科学教育”或“教育科学”的书，是关于如何用科学的方法，解决孩子教育问题的书。

黄静洁这本书给我的第三个感受，是她对孩子的热爱——她无法容忍任何一个孩子被不正确的教育扭曲或耽误。这本书，除了她解决问题时的那种理性和逻辑让我印象深刻，还有一点从头至尾感动着我，那就是贯穿始终的对于孩子的爱和不舍。

把问题最终解决的，是能力；但想到去解决问题的，是愿力。

黄静洁成为儿童教育的专家，写出了有关教育的三本书（另外两本是《父母的格局》与《学习的格局》），其动力，是她对世间每一个孩子的爱。

她的书，最终是在谈“爱的教育”或“教育的爱”。因为爱，所以教育。因为教育，所以爱。

鲍鹏山

2022年4月于上海疫情防控期间的偏安斋

推荐序二

打开养育的格局，从理解时间开始

每个家长都希望自己能成为优秀的家长。但何谓优秀的家长呢？很多人认为，培养出一个优秀的孩子，尤其是学习成绩优秀的孩子，就说明家长优秀；也有人认为，孩子能听话，不顶撞大人，就是好孩子，那么身后的那个家长，自然也就是教育有方的优秀家长了。

大多数焦虑的家长，其负面情绪的来源，就是以上这两点：没有教育出成绩足够优秀的孩子，以及孩子不听话，爱和父母对着干。

你看，一旦对“优秀”的理解出现了偏差，教育的过程自然就南辕北辙，充满痛苦了。

《时间的格局》是黄静洁老师的第三本教育书籍。我很佩服黄老师，一直孜孜不倦地投身于对家长的教育启蒙，为推动科学育儿观念的普及而努力。在这本新书里，黄老师探讨的是从出生到青春期的格局养育。格局养育，对广大家长来说，是一个新鲜而陌生的概念。而依我的阅读理解，就是告诉父母们，不要过于单一地追求孩子在智力竞争上的优势，不要过于执念于孩子当下的成绩、分数，要更多地关注孩子在情绪能力、人际交往、人格发展等方面的成长，教育的格局要大，目光要开阔，需从孩子一生幸福的角度来长远思考，未雨绸缪，在青春期前做好引导和培养。

做父母需要爱，更需要科学素养。如何认识孩子，如何认识成长，都必须先基于对“人”的认识。虽然每个大人都从孩童成长而来，但对大多数的成人而言，孩子依然是个谜题。他们不能理解，为什么孩子会不听话，为什么做事只有三分钟热度，为什么孩子会厌学，等等。这些问题让家长充满困扰，也充满愤怒和委屈：我都跟你说了那么多遍，苦口婆心，为什么你就改不了？

为什么？为什么？

因为太多的大人不懂孩子，也不懂教育。

黄老师的这本新书，对很多父母来说，会是一场及时雨。她具备非常深厚的科学素养，告诉家长发展心理学把人的早期发展分为四个时期，每个时期的孩子都具有不同的认知水平，你必须尊重这样的发展规律；她也有非常丰富的实践经验，陪伴家里的两个男孩走过了十八年的时间，她懂得如何把理论和现实连接，所以给出的建议是接地气的、可操作的。她是关怀孩子的，始终对孩子抱有宽容和善意，能站在孩子的角度来理解他们的敏感、叛逆；她对家长也是充满善意的，耐心地给出了一个个教育方法和步骤，也讲述着自己在家庭教育中的所见所闻，让这本书不仅仅有科学理论的支撑，更有各种案例和故事的补充，使得书籍更有可读性、趣味性。

我也是一个妈妈，女儿上了中学，正在经历青春期。我真切地感受到，青春期无论对孩子，还是对家长而言，都是一场很大的挑战。在幼年时候甜蜜软糯的孩子，在进入青春期后，常常变得像个小怪兽，变得尖锐、冲动，带有攻击性。如果没有在童年期和孩子建立良好的亲子关系，积淀足够的情感基础和理论认知，没有在心理上做好充分的准备，那么当孩子的青春期来临时，家长无异于面对一场扑面而来的海啸，猝不及防，茫然而痛苦，也会让孩子在日常不断的冲突中身心俱疲，无法顺利地度过这个人生特殊阶段。

在看《时间的格局》这本书时，我常常对号入座，反思自身，在黄老师的很多章节里找到了和孩子产生矛盾的根源，不断地提醒自己，要做个有智慧、从容的妈妈，要坚定地站在孩子一边，永远理解并宽容她，永远地爱她。

如果你也有如我这样的期盼，那么我真诚地建议你，一起认真地来读读黄老师的这本新书。

王悦微

2022 年 4 月

前言

用时间的格局，打开孩子十八年成长地图

作为一个母亲，我陪伴两个男孩走过两个十八年；作为孕育两部家庭教育作品《父母的格局》与《学习的格局》的“母亲”，我更有机会与两千多万线下和线上的读者、听众家长朋友们，交流养育的实践和困惑。一路走来，我最大的感悟是，这一代的父母虽然能快速接受新的养育理念，乐于学习跨传统、跨文化的教育新方法，但如果不及时提升养育的时间格局观，他们依然会踏入各种养育新误区。比如，许多“鸡娃”的家长误以为自己在帮孩子拼未来，实际上他们是在阻碍孩子大脑的正常发育，影响孩子的心理能力和社会能力的健康发展，更可能导致孩子最后成“才”却不成人。

我看过的一部纪录片就鲜活地展示了这些令人心痛的后果。片中有一位少女妈妈怀抱 6 个月大的婴儿，整天用看电视打发时间，结果小婴儿的眼光变得越来越呆滞，最后被医生诊断为大脑发育滞后。虽然这个小生命被母亲拥在怀里，但他却如同躺在一片感情的沙漠里，缺乏爱和语言的交流刺激，最后 6 个月的大脑停止了发育。

这个悲剧让同为母亲的我流下了悲哀的眼泪。就在那一刻，我决定要把“格局养育”系列的第三本定为《时间的格局》，我想从横跨十八年的时间维度，为父母提供一张从出生到青春期的科学养育地图，让父母无论身处养育的哪个阶段，都有机会开启视角、拓展思维、来回纵横地观察养育的全过程；我尤其想让父母看见，养育是有阶段性目标和阶段性需求的，当孩子发育的目标与家长养育的需求在生命时间轴上发生了错位时，那位少女妈妈与

婴儿的生命悲剧就会不断重现。

因此，在第 01 章里，我结合大脑科学的研究和最新发现，讨论在家长意志控制下所形成的四大养育陷阱：孩子“不听话”，主要是亲子关系中的“时间错位”造成的；孩子“没兴趣”学习，因为父母不了解孩子身处“主观时间”的秘密；“逼孩子学习”，让父母抓住了当下的时间，却阻碍了孩子大脑发育；“焦虑未来”，实质是父母与孩子因为身处不同时间维度所带来的冲突，因为父母活在“上层脑”的竞争世界里，而孩子却活在“下层脑”的自我感受里。

第 02 章，从发展心理学和认知心理学的研究成果出发，讨论孩子从出生到青春期的成长旅程，希望拓宽父母的养育格局，从过早追求智力竞争转移到分阶段奠基四大内在品质：自主感（0~3 岁）、自尊感（3~6 岁）、成就感（6~12 岁）和价值感（12~18 岁）。这是一个四环相扣的链条，一环不能少、一环不能弱，它们互相守望、互为力量，在生命发展的每一个阶段担负着核心的成长任务。而家长一旦看清这条生命链条的奥秘，就看到了一张科学养育的成长地图，为自己、孩子和家庭做好了养育的知识储备。

第 03 章，结合多年养育经验和全球化视野的教育模式，我从情绪能力、交友能力和心智能力三方面入手，与父母讨论当下遇到的最棘手的孩子成长问题，比如情绪失控抑郁了，性格内向交不到朋友自卑了，沉迷游戏不想学习了……我相信，这些让每一位父母担心着急的事儿，其实都是孩子成长过程中的真实状态。他们是否能安然面对这一成长季的烦恼和挑战，关键在于父母如何陪伴、接纳和应对这些“成长问题”。

第 04 章，聚焦“孩子不懂时间为何物”的问题，结合我这五年来在做的“如何让孩子学会自主掌控时间”研究课题，用可视化的引导模式带领孩子分阶段提升时间管理能力。我们需要在婴幼儿时期，先为孩子的大脑输入早期时间感，建立起内在和外在的秩序；然后在小学阶段，指导孩子重点发展执行技能，为学习和课余活动做好时间规划；到初高中时期，鼓励孩子为自主学习设定短期和中长期目标，在家长逐步放手的过程中，让孩子逐步走向自律。这是一个从看见时间到认识和使用时间，最后拥有自主掌控时间能力的十八年成长过程。

我特别想通过《时间的格局》传递一个科学养育的使命：在孩子生命发展的前十八年时间里，人格发展必须先于智力发展，只有分阶段奠基好自主感、自尊感、成就感和价值感这四大品格支柱，孩子的各项才华和能力才能“水到渠成”般地开花结果。

因此，十八年的养育其实也是时间的格局，因为把时间花在哪儿、怎么花、为什么花，恰恰映照出为人父母的养育观和世界观。让我们一起护航孩子由内而外的健康发展，支持孩子由内在自我走向外在世界的自然成长，日复一日地信任和尊重孩子自带的能量光芒，我们就能成为拥有时间大格局的父母。

黄静洁

2022 年 4 月 19 日

目 录

第01章 时间的陷阱

纠正四大养育迷思

第 02 章　时间的钥匙

解锁孩子四大阶段的成长动力

第03章　时间的考验
见证孩子自然改变和成长

第04章　时间的智慧
让孩子学会自主掌控时间

第 01 章

时间的陷阱

纠正四大养育迷思

为人父母是一场逆心的旅程，因为父母很容易掉入时间错位的陷阱。当孩子 3 岁时，父母希望他们像 20 岁时那样能听懂大人的话；当孩子 6 岁时想做自己感兴趣的事情，父母希望他们抓住每一分、每一秒，向 18 岁的大学季进军；当 12 岁的孩子想了解青春的秘密时，父母希望他们放下自我探索，让大脑停留在婴儿时代，听任父母的命令和安排；当 18 岁的孩子即将成人时，父母又希望他们还能像 3 岁时那样黏着自己，内心不要那么强大，不要擅自做决定，不要总想着离开，去到连父母都没去过的远方。正是父母的时间错位意识，导致养育中遇到各种各样的陷阱。

第 01 章将讨论最常见的四大养育陷阱，虽然表面上它们的问题各有不同，但起因都在于家长与孩子在生命时间轴上的错位，使家长未能充分了解孩子生命发展的规律，对孩子进行控制型养育。所以，想要跳出养育的时间陷阱，我们就要纠正迷思，看到时间错位的本质，才能回归到科学养育的进程上来。

第一节　“不听话”陷阱：孩子就是听不懂道理的人

我的一位老朋友是建筑师，多年的专业经验让他成为建筑设计界的佼佼者。事业上风生水起的他，私下里跟我聊起青春期的女儿时却愁眉不展：“我的女儿就是听不进去我的话，我要怎么管教她呢？”

做家庭教育研究这么多年来，遇到过无数个有同样困惑的家长，这是我再熟悉不过的问题了。从孩子小时候不按时睡觉，不爱吃饭，抗拒刷牙洗脸，抱着动画片就是不关，到上小学后不认真做作业，跟同学打架，偷偷花钱不告诉家长，没有节制地打游戏，再到青春期更复杂的交友问题，偷偷谈恋爱，升学危机，等等，这些“不听话”带来的麻烦事从来就没有消停过，而且当孩子的“个人实力”跟着年龄噌噌地蹿升时，小时候的养育烦恼也会不断升级，演变成亲子冲突，最后形成越来越难处理的亲子矛盾。

在很多家庭里，孩子长大成人的过程就是一场“不听话的拉锯战”，这不仅让孩子与家长两败俱伤，还会让矛盾延续到孩子成年之后。当我的这位朋友发出“我要怎么管教她”的巨大疑问时，我看到的是一位长期深陷“不听话的拉锯战”中的父亲，和他那深深的无力感。同时我也看明白“如何让孩子听话”这个问题，就像一个巨大的旋涡，让大多数父母难逃这场养育旋涡的裹挟，哪怕他们在事业上都是傲视群雄的领导者，也一样会感到迷茫，也一样无法摆脱对孩子未来的担忧。

当然，围绕着“不听话”这个世界级养育难题也产生了众多家庭教育的方法，例如教家长们如何跟孩子沟通，如何管教不良行为，如何用奖罚引导孩子不犯错，等等。然而，即使学习了很多方法，读懂了很多道理，只要一面对孩子“不听话”的挑战，家长还是会感到束手无策，甚至焦虑失控。这是为什么呢？因为导致孩子“不听话”的核心不在于家长应对孩子的技巧，而是家长对孩子“不听话”的认知出现了偏差，正是这种不符合科学养育规律的认知偏差造成了家长执拗于让孩子听大人话。所以，“不听话的拉锯战”的根源是一场生命力的冲突，是因为父母与孩子在生命时间轴上相互错位了。如果我们能够正确看待孩子生命发展的时间轴，就会发现要求孩子“听话”本身就是一个伪命题式的陷阱。与其在陷阱里拼命学习各种爬出来的技巧，还不如尊重科学，提前看到陷阱，避免让自己一开始就掉进去。

生命时间轴：认识亲子关系中的“时间错位”

了解孩子的生命时间轴是避免掉入“不听话”陷阱的第一大关键。发展心理学把人的早期发展分为五大阶段：胎儿期、婴儿期（出生 ~3 岁）、学前期（3~6 岁）、儿童中期（6~12 岁）、青春期（12~20 岁）。而身为父母的我们，通常已经走到了生命时间轴的成年中期，很容易忘了孩子还处在生命五大发展阶段的早期，因此容易忽视孩子与我们具有截然不同的认知水平。父母按成人的认知水平要求孩子“听话”，就会让孩子一出生就被贴上“不听话”的标签，同时也让家长掉入“不听话”陷阱久久不能自拔。

有年夏天我坐地铁外出，旁边坐着一位妈妈，很辛苦地抱着一个几个月大的婴儿。婴儿的脑袋摇摇晃晃，身子还不够硬实。我发现当孩子乖乖不动的时候，妈妈会一脸慈爱地时不时看看他，但当孩子睁大好奇的眼睛、伸出嫩嫩的小手想要去抓身边的扶杆时，妈妈就会忽然露出一脸凶相，低吼道：“这个脏！打！”小孩子看着自己的手被妈妈拉开，一脸懵懂的样子，很快又伸出小手再次去抓扶杆。这时妈妈更凶了：“跟你说还不听，还要去碰，真该打！”这样的事例在我们的身边时常发生。几个月大的孩子连做出害怕的表情都不会，妈妈却已经开始用“不听话就打”的养育逻辑来管孩子了。

如果我们假设，这位妈妈怀里的孩子现在不是几个月大，而是两岁，难道他就能听懂妈妈讲的道理了吗？当然，两岁的孩子会比几个月大时更容易与大人交流，但是对于抽象的道理还不能理解。到了孩子 3 岁时，家长开始更频繁地给孩子讲道理，因为家长总觉得自己说的都是最简单的道理，比如：“你要早点睡不然长不高，难道这些都听不懂吗？”然而，这正是生命的“时间错位”的典型表现：一边是家长觉得自己的话特别简单，谁都能懂；一边是孩子表现得懵懂不解，前听后忘、常听常错。对此，家长实在无法理解，以为孩子就是在与自己作对，于是亲子关系进入呵斥—惩罚—哭闹—抗拒的恶性循环。其实，成人眼里的“简单”道理是从成人的角度看事物的，如果我们从孩子的认知水平来审视，这些道理就像天书一样难懂。而且家长讲的道理与孩子能懂的道理之间往往存在着天壤之别。

有一次我带儿子和他的朋友一家去检查牙齿，当时两个孩子都只有4岁。在去牙科诊所的路上，那个小朋友的妈妈趁机给孩子讲起了道理："你们可要记得少吃糖，每天按时刷牙，不然你们的牙一定会被虫子吃光！"谁知那个小朋友马上回答说："太好啦！那我们就可以直接吃糖，不用牙齿啦！"正在开车的小朋友爸爸哈哈大笑，估计大人们完全没料到孩子讲出的道理会如此"荒谬"。其实这正是小孩子心中的道理：在她的眼里，牙掉光了倒是一件好事，因为没有了牙齿挡在中间，吃糖时会更方便、更甜！我在一边观察着这一家人的对话，其实孩子的父母完全没有意识到孩子还根本不明白牙齿的作用是什么，他们就直接讲起保护牙齿的道理了。这与在地铁里妈妈对婴儿说"脏"一样，这些抽象的概念孩子完全听不懂，需要等到他们具有一定的认知水平后才能理解。然而，大部分家长还停留在按自己本能需求来养育孩子的层面上，认识不到自己跟孩子在生命时间轴上所处的位置是完全不同的。这导致家长以成人的认知能力来要求孩子"听话"，家长不知不觉地走进了"矛盾型"养育的怪圈。

"矛盾型"养育：孩子不是"准大人"

大人不断要求孩子们"听话"，这对亲子双方到底意味着什么呢？

对孩子来说，就是要按大人的意愿立马听懂道理，立马像大人一样思考，像大人一样良好地控制自己，做到少犯错，甚至不犯错；对家长来说，就是超高效地搞定眼前的养育难题，不花太多力气和时间就能让孩子们自觉吃饭、按时刷牙、主动睡觉、坚持练琴等。由此可见，让孩子"听话"这件事的核心问题不在于孩子是否听话，而在于大人想"速成"一个孩子，想要他瞬间"长大"，成为一个有理智的"准大人"。历史上也发生过这样离谱的事。在17世纪前的欧洲大陆上，人们也曾经把儿童看作微小版的成人，认为孩子只是在体形上长得比成人小一点而已，其他方面都与成人相差不多。所以，那个年代孩子被按"准大人"对待，出现了童工和大人一起劳动的景象。如果一个年幼的孩子犯了什么错，他非但不会得到比成人多一点的特殊照顾，相反还会得到与成人相同程度的惩罚。[①]

那么与几百年前的童工制相比，我们看待孩子的态度是否有了很大的改观和进步呢？答案是我们的态度变得更复杂，甚至更自相矛盾了。一方面，随着孩子的年龄增长，其体力和动手能力不断增强，但家长仍然情不自禁地要把他们当作生理上的"弱者"来尽情宠爱和呵护。比如，喂6岁的孩子吃饭，给8岁的孩子穿袜子，甚至在最近一次直播中有一位妈妈告诉我，她的儿子11岁，每天还必须和妈妈同床共睡。另一方面，面对快节奏的工作和对未来的焦虑，家长又习惯性地高估孩子的认知水平，着急地认为只要孩子认真听大人讲话，就一定能听懂其中的道理；既然听懂了道理，那就有责任记住道理，然后按道理执行下去。我把这种养育过程中出现的"时间错位"概括为"矛盾型"养育模式，其本质就是家长颠倒了生命时间轴，在生理能力上把孩子永远定格

① 资料来源：[美]罗伯特·S.费尔德曼著，苏彦捷等译，《发展心理学：探索人生发展的轨迹（原书第3版）》，机械工业出版社2017年版。

为长不大的“弱者”，而在心理和认知能力上又把孩子瞬间拔高，让他成为一个理智的“强者”。

我在贵阳的一个酒店里，就遇到了一幕典型的“矛盾型”养育场景。当时一对夫妻正带着一个3岁左右的女孩站在厕所外边的走廊里。那个女孩大声地哭着，妈妈抬手就给了她一巴掌：“我告诉过你不要这样做，你非要做！”这时爸爸走过来，用有力的手臂推了一下女孩瘦弱的肩膀，并凶巴巴地说：“跟你讲道理没用，只能打！我看你下次还记不记得住！”我看不过去了，立马转身走进了厕所。没想到等我再走出来时，却看到了另一番景象：妈妈让女孩站在公用的洗手池上，正在帮她洗脚丫子；爸爸则站在妈妈的身后喂女孩吃梨。这对夫妻把孩子的生理发育水平与认知发展水平完全割裂开来对待：在生理水平上，他们自觉自愿地把孩子固化在一个“弱者”的状态里，随意娇宠；在认知水平上，他们又过早地苛求孩子听道理、讲道理、贯彻道理，否则就会动手，以打骂做惩罚。在这样矛盾而混乱的养育模式作用下，孩子被要求瞬间做“准大人”，瞬间又要变回到孩子，这必定让孩子感受到很多无法理解的痛苦，他们可能经常会在心里嘀咕说：你们一会儿让我做“懂道理的大人”，一会儿又把我当“不懂事的小孩”，那我到底该做什么样的人，怎么才能让你们开心呢？

孩子学会“听话”，秘密就在大脑里

在过去的十多年里，迅速发展的脑科学研究告诉我们：孩子能否听懂抽象的道理，能否按照大人制定的规则来控制自己的行为，是由他的左脑发育的成熟度决定的，因为左脑主要掌管抽象思维，管辖着逻辑和秩序、语言表达和理解规则等能力，所以被称为“逻辑脑”。

那么，平时家长讲道理的模式是什么样的呢？大人常常会这样对孩子说：“你看，宝贝，这个台阶这么高，你不能跳哟！因为一跳下去，你就会摔断腿的，所以千万别跳。”这个“因为……所以”的话语结构包含着非常有逻辑的因和果的关系，是需要孩子用左脑来消化和理解的。然而，脑科学家指出在儿童成长过程中，尤其是3岁以前，右脑发育占据了成长的主导地位，也就是说3岁前孩子的“逻辑脑”根本还没开始发育。

这个脑科学的发现为我们揭示了一个重大的养育方向：3岁前的孩子没有能力把因与果、前与后的关系做逻辑化的转换，也就是说他无法按家长的要求来预测自己跳下台阶的行为会为自己带来“摔断腿”的不良后果。这样看来，和孩子讲大道理的确是一件煞费苦心但成效不显著的事。当家长再一次看到孩子跳台阶时一定会感到愤怒，像被“背叛”一样，会遏制不住地责备说：“这些道理我上次明明都告诉过你，为何不听？”这时孩子会很蒙地哭着说：“现在我懂啦，以后不再犯了。”可其实这时孩子的脑子还是一团糨糊，因为他压根儿没明白跳台阶和摔断腿之间有什么逻辑关联，因此下一次再遇到台阶，他照样会脑子一热跟着小伙伴一起跳下去的。

那为何孩子的脑子总会发热、总会记不住大人的话、总会情不自禁地“选择”不听话呢？这与孩子的右脑发育相关。右脑管辖着非语言、情感性的形象思维，比如大人与孩子进行的一切非语言的沟通，感觉、情绪、记忆等都属于右脑掌控范围，因此右脑也被称为“情绪脑”。而且在现实生活里，“情绪脑”还拥有一个极其特殊的本领，那就是它会让孩子在还不善于使用逻辑性语言表达前，先用各种表情、情绪和声音的“信号”与人沟通，传递内心的各种感受。因此，我们会看到低龄孩子经常喜形于色，用丰富的面部表情、夸张的语气语调和各种身体姿态尽情地宣泄情绪和表达愿望。这些愿望一旦受阻，他们就会立即哭闹、发脾气，释放怨气和不满。

由此，我们了解到人类的左、右脑是具有明确分工的，而且具有完全不同的“气质”。想象我们面前出现了一个左、右分开的大脑：左脑是那个能听懂道理的“逻辑脑”，它让孩子有能力很好地执行家长的命令，而且它看起来理智、有逻辑、听话、自律，因此我把左脑看作是“好孩子”的代表；而那个“听不懂道理”的“情绪脑”，它会让孩子表现得感性、情绪化、爱发脾气，还喜欢沉浸在有趣的场景里迟迟不肯走出来，因此我把右脑看作是“坏孩子”的代表。

那么，面对这样好、坏分明的左、右脑，你是否觉得左脑更像家长喜欢看到的理智的“大人脑”，而右脑更像家长讨厌的不理智的“小孩脑”呢？因此，我认为左脑和右脑之间的“差异”和“冲突”，恰恰映照出大人与小孩在生命时间轴上的“时间错位”—— 一个低龄孩子还处于发育右脑的人生体验阶段，可是家长却等不及地要求孩子使用他的左脑。比如，学龄前的孩子很难理解自己从来都没见过的“牙菌斑”，那他怎么能理解“牙菌斑”会对自己的牙齿造成伤害呢？因此他总记不住自己每天刷牙是为了不长“龋齿”。

那么父母应该如何应对孩子不成熟的左脑，让孩子逐渐理解大人讲的道理呢？

记得很多年前，我带两个儿子去三亚，当时老大10岁，老二3岁，他们正处于喜欢疯狂玩沙玩水的年龄。那天早上，我把他们放到了沙滩上，并约好中午一起吃饭。没想到一直到天黑，他们都不肯离开沙滩一步，甚至还兴奋地建议说要守在沙滩上，与他们搭了一天的沙堆城堡睡在一起。这时我清楚地看见，儿子们早就从与我约定好的时间、责任和“道理”中越界出逃，而且他们心中丝毫没有愧疚之意。望着这群肆意活在当下、完全被右脑控制着的孩子，我该如何与他们去讲“道理”呢？我可以严厉责备他们不守时、不遵守约定，也可以放任他们玩下去，自己到一边的酒吧里去喝一杯。

走出困境的关键在于，是否能够充分认清一个现实：孩子们活在右脑控制的感受里，而父母却想用左脑来快速高效地解决眼前的问题。我的决定是暂时放下左脑，选择用右脑来回应孩子不成熟的左脑所带来的问题。我走过去提醒10岁的哥哥去查询一下涨潮的时间，并随口说了一句：“我们要赶在涨潮前做一个安全的撤退计划！”果然，孩子们一听到“撤退计划”就来劲了，他们对视了一下后立马行动起来，查时间、收道具、为城堡拍照留念等，很快他们就自觉地做好了退出沙滩的准备。

我的这次小小的成功再一次证明，家长要把孩子当孩子对待：如果我们坚持用大人的左脑逻辑来责备孩子不守时、不负责任，那么我们就是在强迫孩子提早使用不成熟甚至还未发育的左脑。当时我换了一种沟通方式来连接孩子当下的感受，我瞄准他们的兴趣点来说事，把干巴巴的道理说成是一次“撤退计划”，于是没费太多口舌就成功地让孩子们就范了。而且，他们非但不闹，还为自己完成了一次重大的“撤退”任务而感到骄傲不已。

这次“撤退计划”的确是我用“计谋”哄得孩子开心了，但棘手的“听话”问题并没有解决。让孩子学会“听话”的过程，其实就是引领孩子从“感性”走向“理性”的发展过程。那这个过程到底要花多少个月、要走过多少个年头呢？

脑科学家指出：负责抑制冲动的前额叶皮层要到 20 岁左右才发育完全，这是生物学上大脑的成熟年龄。[①] 这个发现告诉我们一个残酷而简单的科学事实：孩子的大脑要到 20 岁之后才算成熟，到那时他们才能听懂道理并理智地按道理做出逻辑判断和取舍决定。由此可见，如果我在沙滩上直接要求 10 岁和 3 岁的两兄弟立马听懂妈妈的话回家，很可能会惹出一堆的反抗情绪，说不定他们还会对第二天的活动施行全面“罢工”。

那么，怎样才能不把孩子当成“准大人”，但同时又能引导他们“懂道理”，与我们合作呢？这就需要家长了解孩子大脑的发育规律和时间进程。从出生到 20 岁，孩子主要的成长任务就是发育左脑，而且这是一个分阶段发育的漫长过程。从出生到 3 岁，孩子主要在发育右脑；3 岁后，主管逻辑的左脑开始发育，一个很明显的发育标志就是孩子开始爱问“为什么”了，这表示他对事物背后的逻辑关系产生了兴趣，想知道连接不同事物的那条看不见的因果线索是什么。但即使这样，孩子的左脑也远远没有达到充分发育的地步。因此，父母过早地执拗于让孩子“听话”“懂道理”都是反科学的，是与大脑发展的时间进程相悖的。

① 资料来源：[美]约翰·瑞迪、埃里克·哈格曼著，浦溶译，《运动改造大脑》，浙江人民出版社 2013 年版。

比如，在孩子的成长过程中，父母最头疼的三大行为问题都与大脑发育相关。

第一个行为问题，就是孩子容易“犯浑”，也就是孩子会突然不顾场合地大发脾气、哭闹撒泼等。其实，这与孩子掌控情绪的右脑关联很大，孩子的行为反应被“情绪脑”（右脑）掌控着，而具有控制情绪能力的“逻辑脑”（左脑）还没有开始发育或发育完善。因此，在这个时候父母只凭讲道理是解决不了孩子的情绪问题的。正确的做法应该是很好地应对孩子的感受，用感性的语言和孩子展开沟通，这就像我在海滩上用“撤退计划”来连接他们的感受。

第二个行为问题，就是孩子经常表现得很“任性”，比如到了该吃饭的时候只想着玩平板电脑，到了该睡觉的时候只想着继续看电视。这样的“任性”表现其实与孩子目的性的控制能力弱有关，原因是孩子的左脑还没发育好，还没法对“应该与不应该做”的事情做出自己合理的判断。因此，家长需要设置场景，用孩子能够理解的话语加以引导，比如把睡前看电视的场景转换成讲故事书的场景，用听故事的魔力转移孩子对电视的注意力等。

第三个糟心的问题就是孩子容易“分心”，也就是做什么事都无法集中太长时间的注意力，比如做着做着作业就开始在作业本上涂鸦了。这与注意力保持的时长和延迟满足的能力相关。在很长一段时间里，孩子会偏好右脑带给自己的感受，因此总会按自己一时的兴趣来选择自己的关注点；同时，延迟满足的能力是需要等待主导理性的左脑发育起来才能逐渐增强的，而且还需要与主导情绪的右脑共同协作，才能在心中达成延迟的决定。因此，要解决“分心”的问题，除了等待左脑“长大”外，我们还可以通过改变周遭环境来平衡孩子的关注点，比如把孩子做作业的时间切分成几段，让孩子有小段的“放风”时间。

对于以上三大“难搞”的问题，家长特别容易着急，总想着自己在生活上、工作中什么都能搞定，为何就是搞不定这么个小孩呢？然而无论是谁，在孩子面前人人平等。如果我们想用大人的逻辑来解决孩子的事，那么现实往往会变得比你想象的更糟糕、更残酷，这是因为孩子的情绪比大人的感受来得更强烈、更直接、更快速，未成熟的左脑很难产生自控的作用。于是，孩子的脾气就如火山爆发，家长越想搞定的事他们就越不让你搞定。

因此，解决养育问题的关键不在于对孩子讲多少遍道理，而在于如何把道理变成孩子能听懂的话语、场景和感情的结合。

家长学会讲“道理”，关键是做好左右脑连接

跳出孩子“不听话”陷阱的关键在于不能靠强压、威逼和理性地讲道理，那靠什么呢？靠童心！我们要带着童心，用我们的右脑与孩子的右脑对话，通过右脑与右脑的连接和互动，具象化地把道理传递给左脑发育还不完善的孩子，我把这个转换道理的过程称作“为道理降维”，采用演示＋讨论的两重法。

一般而言，我们常用的讲道理模式是逻辑性的、单向的、带有指令的，比如父母简单地给孩子抛出一个道理，然后要求他立即执行，可是这很容易形成“我怎么讲，你都不听”的敌对局面。然而，用演

示 + 讨论的两重法讲道理就不同了。首先，我们放弃用“大人脑”去逼迫“小孩脑”的简单命令模式；其次，为低龄的学龄前孩子创造出符合孩子认知水平的“演示”场景，让他们“看见”抽象的道理；最后，为大龄孩子营造良好的亲子之间的“讨论”模式。这里我从两个年龄段来分析为道理降维的方法。

与学龄前的孩子讨论道理时，要把抽象的道理变成具象的事件。这就是为道理建立场景化的体验过程，让孩子的右脑看见道理是怎么“工作”的。就拿我的大儿子长蛀牙来当反面教材。我每次带大儿子去补牙时都不忘带上小儿子。当弟弟看到哥哥在补牙时所经历的痛苦后，他开动起脑筋问我为什么哥哥会长出蛀牙。这时，我就抓住机会，带他看了一段细菌如何在口腔里、牙缝间繁殖的短视频，还让医生拿着牙齿模型亲自示范给他看刷牙的正确方法。这是一个使道理可视化的过程，这要求父母付出比直接下达命令更多的时间和耐心，但是效果要比下达命令好得多。从那以后，弟弟每天早晚主动刷牙，后来 8 岁时他第一次独立参加夏令营，也无须别人叮嘱他刷牙。现在他已经是一名 16 岁的高中生了，他经常骄傲地告诉身边的朋友们他从来没有补过一颗牙，当然我也会骄傲地告诉我的朋友们，我从来没有站在小儿子身边提醒他刷牙。

这个案例揭示了一个养育真相，那就是当孩子年幼时，我们不应该把时间花在盯梢、唠叨、威逼和不信任上；相反应该把时间花在正确的陪伴上，需要针对孩子的右脑特点来营造丰富的场景，让孩子从感受到体验，经历真实的场景，然后允许孩子按自己的信息输入节奏来理解“道理”，看见“道理”与自己的切身关系。比如弟弟看到哥哥补牙的痛苦后（场景），就会明白每天坚持刷牙的重要性（道理）。即使在未来很长一段时间里，6 岁的弟弟的左脑还没有发育完善，但是他对哥哥长蛀牙的真实感受和感性化的记忆，会弥补他的低认知水平，也就是说弟弟可以借助右脑的真实感受来替代左脑还不健全的逻辑理解能力。

与 6~8 岁的孩子讨论道理时，先关注他的情绪，再酌情把感性向理性迁移。这个迁移的过程就是我特别看重的与孩子一起展开“讨论”的习惯。进入小学后，孩子的左脑开始进入迅速发育的年龄，这也标志着孩子进入一个能听懂他人意见的“去中心化”发展阶段[①]，因此我们要抓紧这个能促进孩子身心发展的机会，提升孩子的逻辑思维能力，改变孩子惯用右脑的感受来处理事情的方法（感性地应对），尽早地引导他们开启左脑，养成思考的习惯（理性地应对）。

这里我想介绍国际知名教育家和心理学家丹尼尔 · 西格尔提出的解决亲子沟通两步法——连接情绪和解决问题。我们可以借鉴他的理论分步骤地与孩子一起展开讨论，练习从“情绪脑”往“逻辑脑”转移的讨论方式。

练习亲子讨论的关键一步就是连接情绪，也就是用大人的右脑去连接孩子的右脑。具体操作就是先让孩子说出他内心的感受，而不要先去评对错，堵他的嘴。因为，当孩子犯错或与家长意见不一致时，他们最怕的就是被评判对错、被说成无用无能等。所以，最有效的连接情绪的方法就是，选出一个较正面的角度开始与孩子沟通。比如，孩子忘了交作业，我们至少可以先肯定他努力完成了作业，这就是用正面的言语去连接正面的感受；同时，当孩子诉说自己的不满、委屈甚至表述犯错的

① 详见本书第 02 章第二节《3~6 岁性格培育期：孵化人生早期的自尊感》。

缘由时，家长不能急于让孩子认错，那样做就是在用家长的“逻辑脑”对应孩子的“情绪脑”。其实，只要孩子开始面对自己的感受、整理自己的思绪，他就已经开始在思考问题了。

因此，我们应该慢一步，给孩子一点时间来消化和理解，说不定下一刻他就会主动发现自己做错了什么、不该做什么。比如，暑期结束马上就要开学了，邻居妈妈着急地要孩子做完暑期作业，可是孩子不理不睬地做自己的事，甚至打起了游戏。看着孩子不合作的态度，妈妈的脾气一下子被引爆了，于是一场亲子大战即将上演。可是，妈妈除了语言催促和暴力干预外，其实还有一个更好的讨论模式可以尝试。可以先和孩子聊聊他对开学的感受，看看他是否感到紧张，是否会担心还有许多事情没有做好等，这样的情绪连接就是在引导孩子把“潜伏”在右脑里的真实感受说出来。天性纯真的孩子聊着聊着就会说出自己的感受：“哎呀，妈妈，我要抓住暑期的尾巴，好好再玩一会儿，否则一开学就再也没得玩了。”原来孩子不愿去做功课的原因并不是妈妈所想的那样——他就是不爱学习；相反，孩子只是害怕现在不玩以后就没得玩了，这充分显示了孩子的左脑还没有发育好的现状。

接下来的讨论模式就是要巧妙地把孩子的感受往思考上迁移。我建议的引导策略不是讲少玩多学习的道理，而是要利用他对玩的渴望，让他看到怎么安排时间才能痛快地玩。我会带领孩子做一个“时间饼”[①]，让他形象地看到做作业需要多少时间，做完作业后的全部时间怎么来分配，让他明白所有的时间都是由他来支配和管理的。如此一来，孩子的

---

① 详见本书第04章第一节《输入时间概念：帮孩子建立内在的秩序》。

情绪一下子转过弯来，明白原来妈妈不是不让我玩，而是让我先完成作业，然后自己做主怎么玩。用这样的方式与孩子“讨论”道理，就好似在帮助孩子开展左右脑连接与整合的练习：先从右到右，妈妈体会孩子的感受；再从右到左，妈妈让孩子看到怎么才能玩得更好；最后别忘了从左回到右，也就是在解决问题后，记得与孩子做一个快乐复盘，让他真正理解先做什么、后做什么的时间安排会给自己带来更轻松的体验。这种从左到右、从右到左来回迁移的场景越多，孩子越能明白道理，于是那个爱发脾气的“小孩脑”会自然而然地向“大人脑”的理智世界靠拢，其感性的行为也会过渡到理性的规划上来。

连接情绪和解决问题作为讨论过程中的两个点都很重要。我观察过许多亲子互动的案例，大部分家长都处于两头热，要么连接情绪时没完没了，最后解决方案变得不了了之；要么一上来就凶巴巴的，各种上纲上线，没谈几句话，亲子双方就一拍两散，非但问题丝毫没得到解决，亲子关系也陷于冷战阶段。所以，既要把握好右脑对右脑的共情时间，更要避免左脑对右脑的直接命令模式。

看来让左右脑协同运作对孩子成长具有非常重要的意义。我们要搞明白在生理上这样的协作是怎么做到的。脑科学家如此描述这个神奇的连接：胼胝体纤维束连接左脑和右脑，左右脑通过纤维产生交流，从而作为一个整体运作。这正是我们希望在孩子身上发生的。我们希望他们的大脑横向整合，左右脑默契配合。这样，孩子会同时正视自己的理性和情绪，会很好地平衡两者，理解自己和这个世界。[①] 这才是我们教养

① 资料来源：[美] 丹尼尔 · 西格尔、蒂娜 · 佩恩 · 布赖森著，周玥、李硕译，《全脑教养法》，北京联合出版公司 2020 年版。

的重点和方向。

而且，脑科学家还告诉我们一个重大的脑发育秘密：大脑成熟的速度（智力发展）主要受父母基因的影响，但是大脑整合的程度（理性能力形成）却受到父母养育方式的影响。虽然父母给予孩子的先天的智力基因无法改变，但是良好的后天养育方式能促进左右脑的整合，也就是说父母在漫长的20年养育过程里，最应该做的就是帮助孩子的大脑做好整合与协调，这才是促进孩子全脑发育、提升理性思维的正确途径。

小节结语

其实，无论孩子在3岁时看起来多么聪明，他都不可能拥有12岁孩子的大脑，因此家长面临的都是同一个难题：对孩子所提的能力要求与孩子的真实认知水平之间出现了一个严重的生命时间的错位。当下我们已经迎来了一个全新的教养时代，可以采用大脑科学来指导家庭教育的方向，看透一些错误的观念，从根本上搞明白我们对孩子做过哪些错事，需要如何做及时的修正。只有这样的彻底自悟，才能坚定地从孩子“听话与不听话”的陷阱中跳脱出来，真正帮助孩子成长。

第二节 “没兴趣”陷阱：“三分钟热度”也是一颗值得关注的种子

孩子从 3 岁开始展现出明显的认知和探索能力，他的生活也开始变得越来越丰富，每日的活动内容逐渐超越了吃喝拉撒，这时“我想做什么”“我不喜欢做什么”的自我意志变得越来越明显而强烈。

因此，如何让孩子在“我想做”与“我该做”的事情之间做好合理选择与自主安排，成了所有家长头疼不已的养育大问题。其中涉及了两个方面。第一，孩子的自控力问题。比如，孩子爱看动画片、玩手机游戏等，这些以娱乐为导向的兴趣活动把孩子牢牢吸引在当下，让他们忘了何时应该停下来做应该做的事。第二，兴趣的选择问题。除了娱乐型的兴趣之外，还有学科类的兴趣，如奥数、英语辩论、写作等，以及非学科类的兴趣，如足球、游泳、唱歌、跳舞、绘画等。面对这份长长的兴趣名单，家长在“准”与“不准”、“报”与“不报”之间纠结不已，一不留神就掉入了兴趣陷阱。

理解孩子的兴趣，从理解“主观时间”开始

在理智成熟以前，孩子的世界主要受他的兴趣主宰，因此我要玩什么、玩多久、和谁玩的问题每天都会引发亲子冲突。但是如果我们仔细琢磨一下，就会发现这个冲突的本质其实是两种时间之间的冲突：一种是孩子喜欢待在里边玩的“主观时间”，一种是家长特别看重的“客观时间”。如果家长无法理解孩子对“主观时间”的依赖和热衷，那么父母与孩子的冲突就很难停止，这甚至还会把整个家庭拖入时间的抢夺战中，让硝烟弥漫、火药味没完没了地持续下去。

那什么是“客观时间”，什么又是“主观时间”呢？

墙上钟表显示的时间就是“客观时间”，它衡量着客观世界里的万物生息。因此，当家长听着“嘀嗒、嘀嗒”的时钟声，看着孩子没把时间花在学习上时，就会不由自主地心生焦虑，因为家长相信一个定律：花时间 = 好成绩。所以，家长最希望孩子做的就是不浪费时间，把所有钟表指出来的“客观时间”都花在学习上。

然而，父母忽略了一个自然规律：孩子从出生那一刻起，就活在了他的“主观时间”里。比如，小婴儿对时间的感知是原始而模糊的，完全靠与生俱来的内在的生物钟回应外部世界；等孩子长大一点，他便通过做自己喜爱的事来获得一份独特的体验，并形成一段独一无二的主观感受和记忆。心理学家把这样的富有主观色彩的时间称作“主观时间”。从心理本质上来看，当孩子走进自己的兴趣世界时，他就走进了“主观时间”，开始享受“主观时间”带给自己的感受。举个例子，当孩子看动画片看得极其投入、感到非常快乐时，就会觉得时间过得很慢很慢，

甚至在他的世界里，钟表上的时间是静止或者不存在的，他还会希望妈妈永远不要出现，让自己永远停留在有趣的动画片世界里不被打扰。

可是活在“客观时间”里的妈妈却会候分卡秒地看着时间理性地告诉孩子：“我们约定好的 20 分钟已经过去了！你不能再看动画片了。”这时孩子从他的“主观时间”的世界里探出头来，告诉站在“客观时间”里的妈妈：“时间不够，我要再看一会儿！”孩子心里的“主观时间”与妈妈看到的“客观时间”即将“开战”。这时，孩子没错，妈妈也没错，他们只是从不同的时间感受中表达自己的需要。因此，如何让没错的双方避免一场亲子大战才是关键。

家长必须站到孩子一边，从孩子的角度来理解他对“主观时间”的感受。拿看动画片的孩子做例子，如果母亲理解了孩子不是在耍赖，不是不讲理，只是沉浸在“主观时间”里无法立马走出来而已，虽然会着急，但是就不会因为气愤而发脾气了。这就是我们在上一节中提过的用控制情绪的右脑去连接孩子的感受，而不是一上来就用“没时间了，应该停……”去说教。这时，最有效的解决方法就是用“主观时间”替代法，也就是用另一件有趣的事情吸引他的注意力，让他从这个“主观时间”中走出来，开始关注另一个“主观感受”。

比如，孩子在入神地读着自己的绘本，可是吃饭时间到了，妈妈希望他立即放下手上的绘本来吃饭。这时可以提议：“宝贝，我们一起把绘本里的故事讲一遍吧。”这是用“讲”代替“读”，而且讲的场景可以在饭桌上，这样一步步地把孩子从刚才读绘本的“主观时间”里引导到听的“主观感受”里来。又比如，孩子在全神贯注地玩自己的积木，可是妈妈要他洗澡，我们可以选择不说：“现在要停止玩积木了！”而是说："宝贝，现在我们来玩洗澡玩具啦！"这不就是在用一个新的、有趣的事来吸引孩子吗？这样做，我们就像与孩子手拉手一样，带领着他从"主观时间"里过渡到现实世界中来，再发展出新的关注点，这就是用这个"主观时间"来替代另一个"主观时间"。

在引导过程中，我们需要避免两件事：第一，不要和他谈时间，因为孩子对"客观时间"没有多少感性的认知①，你觉得孩子能听懂，其实他没明白，不可能跟他谈到一个频道上；第二，不要呵斥或讲道理，因为当孩子沉浸在自己的主观"剧情"里时，他是无法理解你讲的道理的，而且家长越呵斥，孩子可能反抗得越厉害。此外，我还有一个自己的绝招就是拥抱法。我会慢慢地走近孩子向他"讨抱抱"，只要孩子同意和妈妈拥抱了，他就已经从自己的"主观时间"的世界里跨出了半步。这时我会抓紧时机，再问问他的感受和正在做的事，然后找机会把他的注意力引向另一个兴趣点，再进一步引导到我需要他去做的事情上。诸如此类的"斗争"场景很多，只要把握好沟通的模式，家长基本都能机智地"赢"过孩子短暂的兴趣。

那么家长可能会问，孩子要到何时才能理解"客观时间"对他的意义呢？答案是一直要等到上小学的年龄，孩子才会逐渐对钟表上的"客观时间"产生兴趣，并开始理解时间与自己的关系。但是，理解"客观时间"是需要很长一段时间来"磨合"的，因为"客观时间"不是主观感受，而是冰冷的数字，这对孩子来说实在太抽象了。比如我朋友的女儿，3 岁时一大早起床会用很奇怪的语气问妈妈："现在是上午，还是

---

① 详见本书第 04 章第一节《输入时间概念：帮孩子建立内在的秩序》。

下午？”4岁时，她曾向妈妈建议说：“昨天，我们一起去游乐场玩，好吗？”5岁时她无法搞懂为什么钟表上的长针从12指到4就代表时间过了20分钟。可是到了6岁时，她基本搞明白了下周六是需要等待才会到来的。她对妈妈说：“我下周二下午要跟好朋友一起去逛街，这是我人生中第一次逛街。”这句看似平常的话却代表着她对“客观时间”的认知能力有了巨大的进步。她能准确地定位未来一周的某个时间，分清过去和未来，周一还是周二，上午还是下午。当然，从只关注自我的“主观时间”，发展到认识外部世界的“客观时间”，再到使用“客观时间”指导自己的行为选择和决定，这期间孩子需要经历漫长的学习和内化过程。关于培养幼龄孩子感知时间、认识时间、运用时间的能力，我在第04章里有详细介绍。

巧用兴趣，发展孩子的专注力

我们认识和尊重孩子的“主观时间”，还有一个重大原因：孩子未来学习最需要的专注力是在充足的“主观时间”里孵化出来的。

无论是3岁的孩子趴在地上堆积木、玩恐龙玩具、看蚂蚁搬家，还是6岁的孩子画画、玩水、跳芭蕾，或是12岁的孩子阅读、编程、搭模型，只要这事儿有趣，孩子就会暂时忘却钟表上的“客观时间”，固执地、坚决地要求留在当下这个有趣的“现在”里，做自己心驰神往的事。因此，如果我们能够允许孩子留在“主观时间”里久一点，接纳他暂时的“不讲理”，那么聚焦兴趣就变成了聚焦注意力的练习。

我最近与同伴一起组织了一个“出芒亲子新乐团”，鼓励家长和孩子一起学乐器、唱歌、进行舞台表演。在乐团里有一位小男生叫Neil，我发现他平时好动，身体和眼睛时刻都在寻找有趣的事情；但是，只要他一坐上琴凳、手拿鼓棒，便会专注地看着乐谱，跟着乐队指挥，维持身体不移位长达一个多小时。乐队里还有一位小提琴手，他聪慧灵动，有着一双机灵的大眼睛。乐队指挥告诉我一个“调教”好动男孩的小秘密，那就是“让他留在音乐里”。原来指挥每次要给男孩指令时，就会让他边拉琴边聆听，这时男孩沉浸在对音乐的“主观感受”里，其专注力和自控力都达到最好的状态。因此，我常常告诫父母，让孩子做他感兴趣的事，这就是在训练孩子的专注力；专注力维持的时间越长，孩子未来的学习就会越高效。

那么兴趣、“主观时间”、专注力三者的关系到底是什么样的呢？

时间要追溯到十多年前，我的大儿子Ian还在纽约上小学，当时他已显露出好动、注意力缺失的倾向。上课时除了和小朋友们说话，他还经常会在书本上涂鸦，有时一张测验卷子拿回家，卷子边缘的空白处全被他用铅笔画满了各种神兽符号。当时老师明确告诉我，Ian人很聪明也很有礼貌，但最大的弱点就是没法控制好自己的注意力。于是我向老师讨教该怎么帮助他提高专注力，老师给我打了一个非常形象的比喻。他说，专注力就像一根橡皮筋，是有弹性的，对于有注意力问题的孩子，我们需要做两件事来帮助他们：第一，经常为他们放松一下橡皮筋的紧度，也就是放松一会儿再拉紧一会儿，这样孩子的专注力就能够保持得更长久一些；第二，用孩子喜欢做的活动来训练他的专注力，因为只要孩子做自己感兴趣的事，他专注的时间就会被拉长。

这次交谈让我得到了一个意外的收获：原来一个孩子的专注力时长不是一个恒量的、属于“客观时间”里的数字；相反，它恰恰属于“主观时间”的范畴，是一个可以被兴趣和爱好延伸拉长的时间数字。那么，如何判断专注力橡皮筋到底有多长，弹力有多好呢？这位老师说：“你就拿 Ian 的年龄乘 2 和 5，小的数字就是 Ian 的专注力下限，大的就是上限。”于是我马上计算了一下，7 岁的儿子的专注力下限应该是 14 分钟，而上限却可以达到 35 分钟，这与上一堂课的时间差不多了。我告诉自己只要好好地让 Ian 做拉长专注时间的练习，他在课堂上专注力缺失的情况就可以改善。

在这位老师的启迪下，我开始帮 Ian 寻找练习专注力的机会。没多久，机会就来了。Ian 从 3 岁起就加入了少儿足球队，每个周末都会去踢足球。那段时间教练居然提出让他担任重要的守门员一职，这可让 Ian 感到了压力。原来他当前锋时可以全场风一般地狂跑，可现在他必须站在一块方寸之地内守门，两眼不能有片刻走神。于是我好奇地去问教练，为何要把一个专注力弱的孩子放到最需要专注力的位置上。没想到教练带着一点狡猾的口吻对我说：“我这不就是在训练他的专注力吗？”由此我看明白了兴趣、“主观时间”和专注力之间是有着千丝万缕的关系的。当孩子专注于自己感兴趣的活动时，他的注意力开始进入“主观时间”，而那个主观的聚焦点恰恰就是专注力。这时，在孩子的感受世界里代表“客观时间”的钟表会越走越慢，甚至停止，于是专注时间获得了延伸。

因此，鼓励孩子参与各项兴趣活动，除了学习某种技能外，练习专注力也是极其重要的一个方面。当孩子对专注力这根橡皮筋有了足够的掌控感后，他就会自主调节，该松的时候松，该紧的时候紧，该专注的时候立刻就可以聚焦，难道这不是培养孩子今后专注学习的必杀技吗？

用“宽进宽出”原则，陪跑“三分钟热度”

从“主观时间”里培养出来的兴趣和爱好，虽然能增强专注力，还能充实和丰富孩子的精神生活，但在实际生活中操作起来却不是一件简单的事。就拿孩子对兴趣的态度来说，年龄越小越“善变”，因此“三分钟热度”绝对是低龄孩子的兴趣常态；而年龄越大越“反抗”，因为孩子认为兴趣就是自己的事，不需要父母来指手画脚。我认识的一位妈妈就遇到了类似的困惑。她跟我说：“女儿的兴趣跟一阵风一样刮来刮去，把我搞得晕头转向。今天说喜欢芭蕾，我就送她到舞蹈班。结果跳着跳着，她又喜欢上踢足球了，我就带她去了运动场。下个月她又说想当警察，这下我就不知道该怎么办了。因此，我给她制定了一个家庭规则，就是凡是喜欢的事，必须坚持一年。结果，我交了一年的芭蕾舞学费，孩子也坚持跳了一年，一年后，她却告诉我再也不想跳舞了，而且还希望父母不要再为她安排兴趣班了，她希望自己的事自己选。”

从这个案例我们可以看到，用“必须坚持一年”的规矩来对付孩子的“三分钟热度”是行不通的，虽然孩子坚持了一年，把妈妈付出去的一年学费消化掉了，但同时也把她对芭蕾最初的兴趣消磨掉了，还浪费了一年的时间。因此，如果家长对兴趣冲突处理不好，很可能会毁掉一个本该发芽、结果的美好兴趣。那么，我们究竟该怎样理智地对待孩子的兴趣，才能避免引发亲子之争呢？

我们要用全新的视角重新评估“三分钟热度”对孩子兴趣形成的重大意义。我在《学习的格局》里介绍过学习的三大内驱力，其中好奇心是一切学习的开始，也是最重要的推动力之一。而我们常说的“三分钟热度”恰恰就是好奇心的最典型的表现，好奇心能推动孩子大胆尝试新事物。有了好奇心，孩子就可能会被某件事抓住目光，然后萌生出“我也想试试”的念头，可能就在这一念之间兴趣不知不觉地被播种到了孩子的心里。我的大儿子初中时会爱上击剑，就是因为他陪着一位小伙伴去学击剑，到了剑馆发现原来约好的另一位小伙伴没到场，于是教练就邀请陪同学来的大儿子上场，做了一次临时的替补。没想到一试之后大儿子对击剑产生了“三分钟热度”的兴趣，之后发展出了一项自己喜爱的体育项目。

因此在我们家里，形成了一个对“三分钟热度”的共识：只要孩子宣布自己找到了一个新的兴趣，我们大人就不急着表态，更不会立即指点孩子这个该做，那个不该做；相反，我们会耐心地聆听孩子的想法，然后“陪跑”一段时间，为的是能够近距离地观察孩子对兴趣的态度和在尝试过程中的心理变化。我们相信“三分钟热度”其实就是兴趣的一个短暂生命周期，它既赋予孩子自然体验的机会，又给了兴趣本身一个“适者生存”的自然淘汰过程。如果某个兴趣冲破不了最初的尝试阶段，那它就需要去“休眠”一段时间，说不定过了一段时间孩子又会回来，重新“捡起”。这时他对这个兴趣的态度就会更成熟一点。

所以，考虑到初中前孩子处在兴趣广而不聚的“善变”阶段，我们家为孩子制定了一个兴趣“宽进宽出”的筛选原则。“宽进”，就是我们要允许孩子“善变”，对他们不断新增的兴趣保持开放和接纳的态度，相信孩子的直觉，尊重他们最初始的热情。当孩子对兴趣出现反复情绪时，选择以孩子的感受为主，避免说指责的话，如：“你这个都还没做好，现在又想学那个了。看你还能学成什么样子?！”这样的负面调子一出来，孩子尝新的热情一下子就会被打下去，说不定孩子会在心里嘀咕：既然一试就不让我再改变，那我以后索性什么都不试了！这样的结果可能是最负面的，因为孩子负面的思维模式一旦固定下来，他对生活和学习的态度就会变得被动，更严重的还会使孩子失去应有的冲劲和活力。

“宽进”就是在家庭允许的范围内接纳孩子想多多尝试的态度，那么“宽出”是什么呢？可能你会说“宽出”就是允许孩子随意放弃。我的态度不完全是这样。我提倡父母以平常心来看待孩子的变化，如果孩子尝试了几次后想要放弃，我们可以允许孩子选择暂停，说不定这时兴趣的种子早已埋下，只是还需要多一点时间静待花开的季节到来。闺密的女儿学了一段钢琴停下了，闺密开始担心会不会前功尽弃，于是来找我商量。我告诉她暂停一下没问题，只要孩子喜欢音乐，她对钢琴的兴趣就会从别的地方冒出来。结果真的是这样：过了一段时间孩子告诉妈妈她想学一个民族乐器。于是我建议这位妈妈不要立即买贵重的乐器，也不要立即买年费课，让孩子先多听几场民乐音乐会，让孩子等待一段时间比让她立即全副武装地上阵更好。果然，孩子最后选了琵琶，而且一直没有间断学琴。

因此，“宽出”是“宽进”的重要前提，两者就像一对孪生姐妹，只要有了“宽出”的机制，孩子就少了被束缚的压力，因此就敢于在源头上探索和尝新。在尝试的过程中，允许孩子暂停或淘汰一些兴趣，就如同建立一个良好的循环系统，让流水把不合适的兴趣自然地带走，把最适合的爱好留下，让孩子自带动力地去发展。

当然“宽进宽出”原则还需要父母有能力面对和化解许多实际问题。比如，兴趣学习的价格不菲，参加各项活动需要添置的“装备”很多，这让家长很容易把平时“多买多折”的消费观念原封不动地移植到为孩子报班的事情上。比如，一看到孩子对某项活动表现出初始的热情后，家长立马报班，为了省钱还直接付年费，结果不但把孩子三分钟的兴趣拉长到了一年，还可能让孩子这一辈子都“讨厌”这个兴趣。

因此，我的做法是，在引入新的兴趣活动初期，不签年单或长期的合同。我会理智地选择一个尝试的时间段，在这个阶段中特别关注孩子对新项目的自然反应。例如每次活动结束后，我都会选择在比较放松的状态下，与孩子聊聊他在参加兴趣活动时的感受。记得有一年暑期，我让小儿子和哥哥一起去参加击剑夏校。第一天弟弟非常兴奋地跟在哥哥的身后去了；第二天一早，我看出弟弟的热情在减退。于是，我有意在下午提前一点时间去接他们哥儿俩，好在一边观察他们各自的反应。我看到弟弟坐在角落里和别的孩子在说话，哥哥却抓住最后的几分钟时间与教练做步伐的练习。于是，我当机立断地告诉弟弟，他试完这一周就可以歇一下啦。不出所料，弟弟开心地大叫道：“我解放啦！”

当然，在这个变来变去的过程中，有的孩子一无所获，有的孩子却保留下了几个“情有独钟”的兴趣种子，在这些种子里很有可能会孵化出使孩子更专注的爱好和特长。当然，面对孩子屡试不成而且众多的“三分钟热度”，家长免不了会担忧。其中，家长最担心的就是孩子“常换常新”的态度会导致虎头蛇尾、做事不坚定的性格。其实这样的担心是不必要的。即使孩子一时没有找到自己的兴趣方向，但这个“常换常新”的态度恰恰是孩子发展自我认知的好机会。他们会在大脑里不断地推演和思考：“我喜欢做这个吗？我不喜欢这个，那我喜欢哪一个？现在我不知道怎么办了，要不再试试看？我不喜欢，所以我想停下来。我也不知道我在想什么，我想看看我的朋友怎么说、怎么做……”这样犹豫、拿不定主意的过程越长、越焦灼，证明孩子将要做的决定对他来说就越重要。

兴趣就像是一根藤，它可以从这棵树迁移到那棵树上，只要我们改变看问题的视角，就会发现我们曾经为兴趣投入过的时间是不会“沉没”掉的，它们会储存在我们的大脑记忆库里，在某一天发挥意想不到的作用。在我们的亲子乐团里就有几个家长，非常快乐地和孩子一起拉琴、唱歌，一问原来这些都是他们年少时没有“玩”下去的爱好，可是现在恰恰变成了高质量亲子陪伴的优势。有位爸爸告诉我，他能来参加亲子合唱团，就是想继续他小时候没有完成的歌唱梦想。

因此在我眼里，对待孩子的兴趣成长，没有白花的钱，更没有白花的时间。只要经历了，就会留下痕迹。即使孩子今天没有发展出一项令你满意的特长，但这个参与正是孩子形成观察、思考、选择和决定能力的过程，让孩子不断地自问：“我喜欢什么？我怎么能与别人不同？我想成为什么样的人？”这将是青春期孩子最需要解决的人生命题。

从能力到志向，推动兴趣“螺旋式上升”

在经历过“三分钟热度”的兴趣“陪跑”后，我们就来到了助力兴趣壮大的发展阶段。在陪伴两个儿子走过各种弯路之后，我看到了一条让兴趣“螺旋式上升”的路径，我把这个上升路径分为四个层次。

最底层是为兴趣播种阶段。这是孩子在学龄前和小学阶段为自己的兴趣做的各种探索和尝试，但因为我们不知道撒下的种子里哪颗会发芽、哪颗会结果，因此我们要有耐心“陪跑”，只要不停止兴趣的探索就是好事。

第二层是兴趣的成熟期，要把兴趣上升为爱好，并从爱好中培养出能力。这大多发生在初中阶段，一方面因为孩子心智日渐成熟，另一方面磨炼技能的自我掌控能力也日渐增强。因此，孩子需要精选兴趣，把它发展成更固定的爱好，并从中历练出相关能力。比如孩子玩乐高已经达到了参赛的水平，而且他对乐高表现出来的热情可以确认这是他自发想做的一个爱好，并想从这个爱好里发展出诸如专注力、逻辑思维、几何空间等多元组合能力。

第三层是兴趣的优势蜕变期，这是把爱好上升为特长和热爱的阶段。这是一个非常关键的内在能量和培养模式的转折点，是要把普通能力上升到优势特长，把普通爱好发展到热爱的高度。例如一个孩子爱上了游泳，而且游泳的能力已经很不错了，但是要把普通的游泳技能变成优势特长，就需要考虑独有的天赋和投入大量的刻意训练。因此，在做决定前，家长与孩子需要共同做两个评估，一是孩子的天赋与潜在能力的评估，二是孩子对游泳的热爱程度，因为没有强大的热爱之心，孩子是无法把自己的天赋潜能尽情发挥出来的。

第四层是兴趣的理想腾飞期，是把热爱和特长上升为奋斗的志向和理想。这是跳脱能力、技巧和战术的束缚，形成人生目标的过程，就如千里马已练成奔跑的能力和速度，但是还需要一个激励斗志的目标。在电影《夺冠》中，郎平与朱婷关于夺冠和奋斗的目标展开了一段针锋相对的对话。郎平问："为什么打球？"朱婷回答道："为了我爹妈。"郎平说："那你永远也打不出来。再想。"朱婷吼叫着说："成为你，这样满意了吧？"郎平又说："你永远成不了我！"最后郎平只用了一句话就点醒了朱婷："你不用成为我，你只要成为你自己。"这一句"成为你自己"就是朱婷打球理想的腾飞，由此朱婷的心里形成了一个清晰的人生目标。

从兴趣到理想的"螺旋式上升"过程中，热爱是真正的分水岭，因为它会让孩子从一个被动的学习者，成长为一个不怕艰险的攀登者。如果女排是一个明星案例，那么我还有一个普通孩子的故事。林林自小对天文地理兴趣浓厚，还经常跟随搞地质勘探的爸爸"走南闯北"，小小年纪就积累了丰富的地理知识和实践经验。但是进入初中后，妈妈因为担心影响学业暂停了林林对地理的钻研。没想到林林竟然把对地理的兴趣转移到了打游戏上，这让他的父母感到措手不及。就在暑假快要来临时，林林小学时的校外地理兴趣小组的老师打来了一通电话，他告诉林林自己正在准备成立一个校外地理研究社团，希望把首任社长的职责交给林林来担当，由林林领头招募暑期团员，并负责和老师一起来准备第一期社团活动的课题研究。当林林听到老师的邀请和整个暑期计划后，他的眼睛开始闪出激动的亮光，他不敢相信老师还记得自己，会将重任交到自己身上。于是在那个初三的暑假里，林林加入了校外地理研究社团，在老师的带领下，他主持的课题研究获得了市级大赛的一等奖。暑假之后，林林决定要跟随老师和爸爸的脚步，把地理当作未来人生的奋斗目标，他还把高考报志愿的方向锁定在环境保护专业。

由此，林林把一颗兴趣的种子变成一个火热的追求。他通过课外的实践活动提升了对地理学科的兴趣，更重要的是他把这份兴趣拓展到环保的领域，为自己确定了未来学习和钻研的方向。到了这时，林林的父母开始回想一路陪伴孩子走来的经历，不无担心地说，当时如果没有让孩子参加校外地理研究社团，那孩子说不定就被游戏捆住手脚，找不到学习的动力不说，还可能选择“躺平”的人生。幸好现在的林林已经独立而坚定地走在了追梦的路上，这就是兴趣带给学习的“螺旋式上升”的推动。

因此，在我看来，早期的兴趣和爱好一定是有用的，即使它不能让每个人都成为名人名家，但对孩子未来的人生却依然具有三大重要的意义。

第一，兴趣可能会发展成一个让人心向往之的职业，这是播小种结出大果实的过程。就如孩子从小爱玩恐龙玩具，爱琢磨生长在海洋里、泥土里的动植物，许多年后这个小小的兴趣摇身变成了对生物学、考古学和环保等领域的钻研和探索，最后成就了一份专业和事业。

第二，兴趣可能会成为一生中引以为豪的爱好和特长，这是小兴趣成就大自信的美好过程。就如从小爱上唱歌跳舞、主持朗诵、变魔术、弹吉他等的孩子，到了未来的工作岗位上会发现，自己往往更有机会从团队中脱颖而出，成为人群中耀眼的那一个。

第三，兴趣可能会成为一个人独处时最需要的精神支柱，这就是用“小确幸”来护航一生的幸福感。很多时候我们花了九牛二虎之力帮孩子打造知识和专业的硬核能力，但到头来却发现我们唯独没有为孩子准备好过平凡生活的快乐能力。在这次因新冠疫情长时间隔离和上网课期间，有些家庭因为缺乏兴趣爱好带来的家庭凝聚力，一家人把日子过得苦不堪言。孩子除了上网课、看视频就没有其他娱乐项目，只能靠打游戏消遣，结果引发强烈的亲子之争。记得我问过一位母亲："你知道你的孩子有啥兴趣吗？"她说："除了学习，就是周末一起去吃大餐呀。"可是另外一位妈妈却告诉我，隔离期间他们一家过得从来没有过的快乐，因为从来没有那么多时间可以一起做手创书、做纸雕、自导自编皮影短剧、制作短视频等。

还是有很多家长这样问我："如果孩子学习不好，要这些兴趣爱好有什么用？"我的回答是："兴趣就如水，生活里缺了它，日子就没了滋润感。"如果孩子读书读不好，那就更要培养他生活的一技之长，互联网时代需要各种匠人，他们被发掘、被认识、被尊重。而匠心精神正是从一颗执着的兴趣种子开始的，从中发展出一个超群的技能，为自己和家庭撑起独有的一片天地。

小节结语

在我看来，读书考试是每个孩子都要经历的学习通道，走过这个通道，我们就会进入一个职能化的大社会，开始自己的职业或专业人生。但与此同时，还有一条贯穿于一生的通道，那是与生命力和幸福感相通的能量通道。无论你是谁，做什么事，如果你成功了，这股能量会放大你的成就感；如果你失败了，这股能量会缩小你的挫败感，为你搭起一个精神防空洞。这股能量是什么？我给它取名为“快乐自我”，这是一份稀有能力和品质，是由兴趣、爱好、情怀组合形成的高价值感。作为母亲，我相信孩子的专业、职业和事业是需要他用一生去探索、追寻和打拼的，对此我做不了太多；但唯有孩子的兴趣、爱好、情怀和幸福的能力，是需要我在他们幼时播种、少年陪练、青春期护航的。

第三节　“逼学习”陷阱：与其掌控孩子的时间，不如驱动孩子的大脑

我在长春的一次演讲完毕后，等待我签名的队伍很长，但是有一位妈妈并不要求签名，她就一直站在一边，耐心地看着长长的队伍变得越来越短，最后就剩下了她和我。突然，她从旁边拉过来两个孩子，姐姐读小学高年级，弟弟快上小学了。这位妈妈问我：“黄老师，你能告诉我怎么让这两个孩子多一点兴趣吗？”我说：“您看，您的两个孩子如此乖巧可爱，可以让他们再放松一点，多多接触自然，尝试做一些平时学校和家里没有的活动。孩子们很聪明，只要给他们时间，他们自然会找到自己喜欢做的事。”没想到这位妈妈转身对着两个孩子说：“听到了吗？黄老师要你们认真学习！”

我很惊讶，难道这位妈妈没有听懂我刚才说的话吗？转念一想，我立马明白了，其实这位妈妈本来想问的就是：“黄老师，怎么让我的孩子多一点学习的兴趣呢？”但可能她一着急，把“学习”二字给说漏了。从表面上看这位妈妈是在尽心尽力地督促孩子学习，但细究其本质却是家长漠视孩子的内在世界和身心成长的规律。这位妈妈希望我对两个孩子说一句管用的话，以此激励他们刻苦学习；可是我最想告诉这位

妈妈的却是，如果一直使用逼迫的方法，孩子只会越来越厌恶学习。如果想要让孩子多一点学习的兴趣和动力，我们首先要放下威逼利诱的姿态，好好了解一下跟孩子学习相关的大脑发育规律，从中找到符合孩子身心需要的外部支持。

“鸡娃”有风险：抓住了时间，却阻碍了大脑发育

当下家长“鸡娃”标配有三项：抓紧时间、压紧功课、唠叨成绩目标。而孩子心理健康需要三方面的平衡发展：第一是认知能力，也就是智商；第二是情绪与情感能力，也就是我们常说的情商；第三是意志能力，也就是逆商。

可是残酷的现实是，为了提升学习成绩，家长过早地用学习和作业填满了孩子的生活时间，过早地营造出不必要的学习压迫感，过早地定下了功利化的学习目标。就是这三个“过早”，完全忽略了孩子的情感能力和意志能力的培养，导致亲子之间情感薄弱，家庭内部意志力共同脆弱，同时超前超纲地灌输知识，这些对孩子大脑发育造成的影响绝对是弊大于利的。然而尽管父母做出了巨大的牺牲，搭上了所有的时间、情感、家庭和睦甚至健康，到头来却发现我们控制得了孩子的时间和肉身，却控制不了他的大脑，因为只要孩子停止转动他的大脑，我们一切的威逼、利诱、唠叨和冷暴力都会无济于事。

所以教育孩子的关键恰恰不是抓紧钟表上每一分、每一秒的“客观时间”，相反应该重视孩子在自己的“主观时间”里的学习专注度，合

理安排好单位时间里的各项静态和动态活动。这样才能调节好孩子的情绪，提高他的学习效率，以求学习能力、社会能力和抗挫能力的平衡发展。为了达到这样一个家庭教育的目标，我们首先需要了解大脑发育“用进废退”的规律，看看孩子的时间到底怎么花才能助力他们的生活、学习和健康的平衡。

大脑科学研究发现，孩子把时间花在哪里，他的大脑就会发育到哪里。因为当孩子花时间做某项活动时，他的注意力就会紧跟着过来。注意力待在某项活动里的时间多，管辖那个大脑部位的神经元就会在那个区域里放电，于是脑神经的联结就会在那个区域里快速地生长，使这部分的大脑功能得到充分发展。同时，我们还要关注一个脑科学的发现，那就是人的注意力会引导大脑里的能量和信息不断地在各个脑区域之间流动，形成交互和更多的神经元的联结。于是用得多的脑区域就会进化得快，用得少或不用的脑区域就会呈现出退化甚至停滞的状态，就连孩子的先天能力也可能因为后天长久不用而退化变弱。最常见的案例就是，如果长期让孩子不做运动、不做家务、不动脑筋提问，那么体育能力、动手做事能力和动脑思考能力都会退化，乃至消失。这就是“用进废退”带给我们的重大警示。

那么，当我们把这个大脑发展规律放到孩子的教育问题上来看时，就会发现家长严格把控孩子的时间，规定孩子一切与考试无关的事情不能做、不能碰，这样的做法会给孩子带来严重的大脑发育和能力发展的问题。假设孩子把全部的时间都铺在单一的知识学习上了，十年后他的确考上了一所不错的大学，但是按照“用进废退”的大脑发育规律，孩子其他各方面的能力就可能“废退”了，其中最主要的包括孩子的自理和独立生活的能力、与人交往的社会能力和抵抗挫折的抗压能力等。因此这种单极化的、只拼成绩的教育模式已经不符合科学养育的大方向了，它最终切断的是推动孩子全脑发展、全人发展的希望与机会，让孩子早早厌学，甚至拉高了青少年的心理发病率和青春期的自杀率。所以父母“鸡娃”也要讲科学，抓紧时间、填满时间、控制时间绝不是有效提升孩子学习成绩和学习动力的不二之路；我们更应该学习大脑的科学知识，与孩子一起摸索出适合他的时间分配方案，因为把时间花到哪里去，不仅关乎孩子的聪明才智、学业发展和性格形成，更关乎孩子的早期大脑发育和身心的平衡发展。

学习的脑科学：分阶段用好“记忆的结构”

在观察小儿子从小学到高中的十年学习经历中，我看出了一个“省心”的学习方法，那就是不随意拉长学习时间（会造成疲乏心态），但求提升学习效率，也就是提升单位时间里的学习留存率[①]，找到适合孩子年龄的学习方法，帮助孩子学了不忘，一学就懂。脑科学一项关于记忆的研究揭示了一个高效记忆学习内容的秘密。日本脑科学研究者池谷裕二在《考试脑科学》一书中把与学习相关的记忆，按大脑的成长发育时间分成三类，它们分别是方法记忆、知识记忆和经验记忆。

方法记忆是最早被大脑启动的记忆模式，从孩子出生开始逐渐形

① 详见《学习的格局》第 01 章第二节《低效能现象：为什么孩子很努力很认真地学习，成绩却不好？》。

成。比如，婴儿学习爬行、走路、吃饭、上厕所等都属于“用身体记住的方法”，这解释了人类早期的吃喝拉撒的能力，为何不需要大脑刻意记住就能自然形成，而且记忆一旦形成终生难忘。因此，在三四岁前，家长无须刻意地训练孩子做什么，只要我们持续地和孩子一起动手做，就是在用最自然的方式让孩子看见做事的方式，于是孩子就会通过方法记忆来习得这些能力。比如，父母花时间和孩子一起讲睡前故事、读绘本，孩子自然就会早早地习得阅读习惯，“爱上”读书就是水到渠成的事儿。这也是学龄前阶段培养孩子好习惯的重要时机。

接下来孩子的知识记忆开始启动，也就是通过背诵、抄写等重复练习的方式，来高效输入和积累知识。这项记忆能力从学龄前到初中前的六七年时间里会变得越来越活跃和发达。因此，小学的教育也会更多地调动记忆功能来促进孩子对基础知识的吸收。大脑研究还发现，孩子在这个阶段尤其对文字的排列、绘画和音乐方面保持超强的记忆力，这也提示了家长在小学阶段应该让孩子多接触和发展各类兴趣与爱好，这有助于平衡好学习与闲暇的业余生活。

进入初高中后，经验记忆变得越来越重要，它一改小学阶段的以知识记忆为主的学习模式，开始逐渐重视孩子们在真实的体验活动中自主学习的模式。因此，进入初高中阶段，无论学校还是家庭教育都应该从简单的知识记忆往复杂的经验记忆过渡，也就是要鼓励孩子把所学的知识、原理、逻辑等，运用到实际生活中去。

所以，记忆也是分等级的。它就像一座金字塔，最底层是方法记忆，第二层是知识记忆，经验记忆是占位最高的，也是最有优势的记忆方法，所以越往金字塔上端走的记忆越深刻，因为它需要学习者具备充分理解事物并掌握其原理的能力，同时采用的学习方法不能是死记硬背的知识记忆模式，而是需要从记忆理论向更深层的理解和运用上过渡。这就是说，经验记忆必须由很多丰富的体验和实践活动结合在一起才能形成。这就解释了为何初高中生的学习要加入实验室观察、田园学习和寒暑假的实践活动等。

比如，我和团队在2021年的暑假组织了亲子夏令营，营地选在了自然景观和人文历史资源丰富的贵州，其中有一个环节就是去观察黄果树瀑布。当孩子们全方位地观察了大瀑布后，他们描述瀑布之水的词语变得生动活泼起来。这个说："我从来不知道瀑布的水比下大雨还多。"那个说："我们怎么可以离瀑布这么近？我不知道瀑布会传出这么大的声音。"还有孩子说："我好想跳到瀑布里去游泳，我可以和水一起飞起来的。"从这些描述中我们可以看到孩子们从书本上学习到的对瀑布的知识记忆，已经因为经验记忆而被二次创造了，每个孩子都形成了自己对瀑布的独一无二的理解和语言表达。这样更高一级的经验记忆就通过体验和实践，把感官、逻辑、认知、创意等多方面的信息结合起来。而关联到的信息越多，孩子对所学内容的理解就会越立体，运用起来就会越高效、越有创意。因此，经验加深记忆，经验推动理解，理解让记忆变得更牢固，最后大脑会把输入的知识、逻辑、理解等再加工，通过各种表达形式再输出，这就形成了孩子的读、写、说、创作、发明的基础。

因此我们可以看到，提高学习效率也是讲究科学方法的，而且还必须与孩子的年龄、大脑的认知发展阶段相符合。既不需要超前要求幼儿进行知识记忆，更不该在初高中时期仍旧把孩子禁锢在死记硬背的低端学习模式里。进入小学是发展知识记忆的好时机，但同时也要关注知识的呈现方式，让孩子觉得学习可以像玩一样有趣；到了初中阶段，就不能单纯地拼知识记忆了，要为孩子的学习拓维才能增强学习理解力和应用力；进入高中后，孩子在学科以外的各项能力增强，我们可以为孩子提供大量的社会实践和校外体验的机会，为孩子提供丰富的输入和输出的学习机会。

从方法记忆到知识记忆再到经验记忆的学习模式，与我在上一节中提到的发展兴趣能够驱动能力“螺旋式上升”的概念不谋而合。无论是经验记忆还是兴趣活动，它们都可以带领孩子走出书本、跨出校门、离开小家，建立自己的知识架构，提升自己的领悟能力，练习融会贯通的思维模式，最后形成良好的自我认知和社会认知。时间这样花，孩子的大脑才不会“废退”，不会因为单极式的封闭教育而变得僵化、空洞，甚至出现心理疾病，掉进厌学的困境。

父母越掌控时间，孩子越厌学

我遇到很多父母满脸愁云地来提同样的问题：“黄老师，我家孩子学习不自觉怎么办？不逼，他不学；一逼，他更不学！”有一位妈妈告诉我她女儿的一位同学成绩是年级前二十名，爸爸是一位经验丰富、小有名气的医生。这个男孩已经高三，正面临着高考，爸爸把自己的高效日程复制到孩子的生活里，每个周日的时间按小时计算全给排满了课，好像花钱是可以的，浪费时间是绝对不行的。这位妈妈还告诉我，她特别担心这个孩子的心理问题，因为平时在学校遇到男孩时，总觉得他脸上没有一丝表情，整个人就像一架机器在行走，连动作都变得僵硬机械。这个孩子的父母花了巨大的代价让他获得了名列前二十名的好成绩，但是这个孩子的快乐少年时光却被偷走了，他与父母的信任关系也被拉远了，他与同学们也快变成了路人，在他的心里可能最渴望的就是快快长大，好离开他讨厌的学校和严苛的父母。

我国青少年研究中心对全国青少年的学习进行过一次调查，结果显示：仅仅只有 23.4% 的中小学生是因为热爱学习而进入学校的。而且大量调研数据显示这样普遍的小学生厌学情绪是会被固化的，也就是说孩子年龄虽小，但是他们心中厌学的阴影一旦生成，就会影响后边的初高中阶段。因此，这个调研数据提出了一个非常严峻的现实问题：孩子一开始对学习都抱着极大的热情，但是小学四、五年级是孩子在学习兴趣和学习能力方面出现明显强弱之分的阶段，这也就是教育心理学专家们常说的，孩子的学习兴趣和学习成绩出现分化。在这么一个敏感时期，如果孩子因为家长的高压、学习时间的挤压，而出现厌学心理，则会导致孩子学习自信心不足、学习习惯差和自暴自弃等行为问题。

然而，很多家长却坚信孩子年龄小就知道贪玩，不制定规矩、不施压、不强力管教就教不好孩子。这样的误解造成的严重后果是，即使短期内孩子的成绩被“拉升”上来，但孩子的学习内驱力和学习兴趣就如内心的火焰被冷水浇灭了，长时间生活在焦虑、不自信甚至自卑阴影里的孩子，一定会遭遇各种程度的厌学问题。

陕西师范大学心理学院院长王振宏教授曾就厌学问题展开过研究，描述了厌学心理从轻到重的发展历程，如果我们能够提前预知孩子的厌学症状，就能提前理解和干预。出现厌学情绪的孩子们会先进入一个焦虑阶段，主要因为自己的学习目标落空或成绩不达标，而陷入无助或焦虑的情绪状态中；如果情况得不到改善，孩子会进入自我怀疑的阶段，这时虽然孩子的学习效率变差，但他仍然没有放弃努力，还是希望自己获得进步；之后就是恐惧阶段了，这时的孩子一听到学习就害怕，怕自己什么都做不好，觉得自己没希望了。恐惧阶段的干预很关键，它是厌学的一个临界点，如果孩子在这个节点上得不到良好的心理支持和亲友的帮助，那么一旦进入最严重的自卑阶段，孩子就很难彻底摆脱厌学心理了。

厌学是在不知不觉中降临到孩子身上，走进家庭生活里的。首先，我们看到的焦虑情绪是导火索，它会催生自我怀疑，让孩子不愿再与家长谈论学习的问题。这时家长仍旧不依不饶地想着再让孩子“冲一下，过了这一关”，没想到孩子的内心已经被无望和无助感填满。白天，进入习得性学习障碍的状态，无法学习；晚上进入习得性无助的状态，无法入睡或嗜睡不愿起床。那么为何孩子会掉入如此可怕的精神深渊呢？

也许美国心理学家塞利格曼在 1967 年做过的一个电击狗反应实验，能够带给我们一点心理启示。实验一开始，当狗被电击后就会快速地尝试逃出那个带电的狗笼。在尝试多次发现无法成功后，可怜的狗便放弃努力，任凭电击带来疼痛，它选择躺在笼子的角落里默默地忍受着，实在难忍时狗会发出几声悲凉的叫声，仅此而已。在这个实验的基础上，塞利格曼提出了“习得性无助”的理论，告诉我们当一个人处于习得性无助的心理状态下，他对自己、对他人和对环境都会抱以绝望的态度，因此也会放弃改变现状的任何努力。

如果我们把这个理论引用到长期处于高压下的孩子身上，就会理解他们心中所感受到的痛苦与被电击的狗一样，他们是在步步走向绝望后放弃了行动。

看明白了孩子的心理状态，家长首先要做的就是改变“没压力就不会学”的错误理解。其实，有压力不是问题，但是不能让压力远远超出了孩子当前能够承受的强度（无限拉长做功课的时间）、涵盖的范围（挤掉运动和玩耍的时间）、时间长度（挤掉睡眠时间）。孩子与成人不同，不能完全靠意志来“死扛”每一天的时间。其次，父母对孩子的厌学情绪要敏感。我们从孩子一出生就把养育的终极目标集中到了孩子的功课和成绩上，却忘了孩子才是主体，万一这架学习“机器”罢工或失灵了，我们靠什么来挽救局面呢？所以为了提高学习成绩，家长过度挤时间、抢时间、拉长学习时间就是拿孩子的身心健康做赌注。一旦赌输了，孩子身痛心碎，父母悔恨不已。

孩子拥有了幸福感，才会驱动大脑学习

面对孩子的种种厌学迹象，很多家长仍以为是孩子本质上“不爱学习”，于是不顾孩子的感受，继续报班、督促刷题、唠叨施压，甚至辱骂孩子懒、笨、无用，在不知不觉中把一个阳光少年养成了一个内心无支撑力、无存在感的孩子。这里我选了两句有厌学情绪的孩子经常会说的话，让我们一起来聆听和分析其中所释放的负面“信号”。

“我学不好，所以不学了！”这部分孩子一般心理承受能力较弱或

自尊心过强，当他们发现自己跟不上老师讲课的进度，或看到自己的作业和试卷常常被打低分，他们的学习热情就会变得越来越低落，感觉学习不是一件自己擅长的事。这时如果再遇到父母经常打骂，或使用冷暴力式的语言，他们的厌学心理就会更加严重，甚至会对自己说："无论怎么学，我都学不好，还不如不学了。""你们再逼我，我就……"这时，父母需要放下原来的高期望、高要求、高配置，先接纳孩子的学习问题、情绪问题和生活问题，先疗伤再考虑重新出发的对策。我身边有一个男孩，在美国名校上学。因为严重的疫情，他被困在宿舍里没日没夜地打游戏，混乱的作息和糟糕的生活方式让他的体重飙升，成绩却直线下滑。最后，失控的自己望着失控的学习，开始出现焦虑和抑郁的心理问题。严重的时候，他可以躺在床上一周不起床。所幸的是他的父母没有施压或打击他的自信和自尊，而是为他提交了休学申请，先把他接回家，用家庭的温暖滋养他干枯已久的心灵。幸运的是男孩因为学习目标落空产生的厌学心理，还属于厌学的初级阶段，通过改变环境和心态，他很快就从消极情绪中走了出来。

"我不喜欢……所以不学了！"这部分孩子可能抗挫能力较弱，或独自处理问题的能力有限，当身处无法解决的矛盾时，容易选择逃避现实。比如某一次考试没考好，或某一位老师说了一些严重的话，或与某个同学关系出了问题，或遭遇校内外霸凌事件等，只要孩子无法靠自己的能力解决问题，又不敢或不愿面对这些状况时，就会产生消极情绪，或用逃避或用逆反的消极行为来保护自己。对于这种情况，家长必须先找出诱发厌学情绪的源头，再来帮助孩子面对和解决。若干年前我遇到一个高中女孩，她在学校被数学老师当众羞辱，说她长得这么丑还这么笨。孩子告诉妈妈，妈妈却让她忍下去，结果女孩出现严重厌学心理，开始不愿上学了。于是，我建议这个妈妈立即带孩子去见老师，当面把问题解决了，还孩子自尊。这个母亲与老师先展开沟通，之后老师当面向女孩赔礼道歉，这让女孩的心理状态暂时稳定了下来。之后我建议这个母亲只要条件允许，尽快为孩子换环境，避免让孩子在自卑心理中一步步地走向更深的厌学境地。最后，这个母亲处理得很好，因为她选择相信自己的孩子，保护了孩子的自尊，没有为了学习把孩子硬留在无望的环境里，让孩子备受自卑感的折磨。现在女孩成长得很好，已经快要大学毕业走上社会了。

这两个真实的案例告诉我们，解决厌学的核心不是继续施压，而是要按下暂停键，帮助孩子消除内心的恐惧和自卑感，让他从“我是输家”的感受中走出来。因此，我坚持的家庭教育的价值观是，先让孩子身心都强壮起来，找到自我价值感和存在感，这样他才有底气，才能自我驱动地去拼成绩。

前不久，我在上海与远在洛杉矶工作的大儿子Ian通话。两个星期前他刚从纽约的家搬去好莱坞上班，这是他大学毕业后的第一份工作。读过《父母的格局》的朋友们一定记得，Ian在高中时曾经因为打游戏而成绩下滑，产生厌学的逃避情绪。后来通过拓宽校园里的兴趣活动范围，他重新找回了存在感，并考上了自己梦寐以求的大学，成为电影专业的学生。现在他已经毕业，“自立门户”了。我从视频电话里看到他的卧室空空荡荡，连一张床垫都没有，但是他乐呵呵地指着铺在地上的一条浴巾说：“妈妈，这就是我的床。”就这样他在硬邦邦的地板上度过了好几个晚上。

一周后我又与Ian通话，他兴奋地用视频给我看了他的卧室，里面多了三样家具，分别是一张床、一对书桌椅和一个既可放衣物又可当书架的五斗柜。这时他又笑眯眯地对我说：“妈妈，我现在感到好幸福，因为你看到的所有的东西都是我用自己赚来的钱买的。”顿时，我也感到好幸福，那幸福感似乎可以在一瞬间从网络的那一头传到我这一头，真的好暖好甜！你看，只要孩子的自我价值得到体现，他就有了存在感，就会主动努力争取自己的未来。所以，我更愿意相信：没有一个孩子天生是愿意偷懒的，如果他失去了前进的动力，那是因为环境里出现了阻碍他前进和发展的因素。

我在《孩子与时间》一书中读到了这样一段精辟的话：“面对时间时孩子的无能为力很明显，我们不断发现这一点。孩子在发展变化过程中，缺失的便是‘存在’问题。”这句话之所以会从千万句话中跳出来，撞到了我的眼睛和心脏，就是因为这位法国精神运动科的医生，从时间的角度再一次诠释了生命的真谛：一个人必须感受到自己的“存在”，才有动力去征服时间、掌控时间，努力收获发展和成长。

然而在大部分中国家庭里，因为历史原因和传统的教育模式，家长已经习惯了忽视孩子内心的这份“存在”感。这个“存在”，既关乎物理性的空间存在，比如孩子的房间和物品，家长不可以随意处置，又关乎思维性的内心存在，比如家长不能把孩子的时间全部填满，不能按大人的意志来设计孩子的思考模式。如果家长不给孩子机会去放空、去实践、去失败、去犯错，那么孩子就会变成父母手中的一具提线木偶。年龄小的时候，孩子还会因为害怕被责备、惩罚而随着提线舞动一番，但是随着年龄增长，孩子的自我意识增强，他们会拒绝再做父母手里的提线木偶。因此，亲子冲突就不再是时间和空间层面上的冲突，而会上升到存在感和价值感层面上。所以，“不逼孩子不学”是一个观念性错误，家长与其抓紧孩子的时间不放，还不如用幸福感和存在感来驱动孩子的大脑，驱动孩子的内心。

小节结语

家长止不住焦虑，是因为发现“逼迫”孩子完成既定的学习量、考一个既定的目标成绩，完全不是想象中的那么容易；更可怕的是家长还发现，随着年龄增长，孩子的心理健康亮起了红灯。这时，我们应该继续施压，还是选择慢下来，接纳不如意的现状，重新审视该如何营造一种友好而有效的学习模式？育才，不是简单地抓紧时间、往孩子的大脑里做物理式的知识灌溉；育人，就是要让孩子做主，让成长和进步如水到渠成般地发生。所以，育才和育人，都讲究科学和格局。

第四节 “焦虑未来”陷阱：父母越焦虑未来，孩子越抓不住现在

2016 年的万圣节，是我最难忘的一个万圣节。因为这天半夜 12 点是大儿子 Ian 递交大学申请的最后期限，可是就在这天晚上我和他发生了一次激烈的争论。当时离 12 点只剩几个小时了，可是 Ian 还是没有完成最后一部分的大学申请的文书内容，没想到他突然告诉我他马上要出门和伙伴们一起过万圣节了。

对此，我当然不同意。我问他：“你的申请还没有递交，怎么可以走呢？”他的回复更让我吃惊：“不交又怎样呢？反正我不能让我的同学们等我，他们都是我领导的学生俱乐部的队友，没有我他们不知道要做些什么。”在我眼里，此时此刻这位高中生的脑子很明显“进水了”！他只想着眼前的万圣节要怎么过，却忘了大学申请是不会等他过完万圣节的，只要等午夜 12 点的钟声一敲，本年度大学的申请资格立马过期。这时，我说出了一句关键的话，把他的大脑从“进水”的状态里捞了出来：“是的，你的同学们的确需要你去帮他们主持万圣节，但是明年这个时候他们会做什么？你又会做什么？我猜他们仍旧会在这个校园里过万圣节，可是那时候你已经毕业，肯定回不来这里

了。那你会在哪儿、跟谁过明年的万圣节呢？”

就在这一刹那，我看见Ian的眼神变了，刚才神采奕奕的样子一下子缩了回去，他低下头咕哝了一声：“哦，看来今晚我应该留下来完成大学申请了。”就这样，在万圣节午夜钟声响起前的15分钟，我们有惊无险地把大学申请文书上传进了在线申请系统。不久，在元旦后的第二周，Ian接到了他心仪的大学的录取通知书。那天，我掐指算了算，Ian离他的18岁生日还有8个月。

孩子不顾“未来”，活在“下层脑”的感受世界里

为何我能用一句话把一个大男孩从理智失控的状态里拉出来呢？因为，我瞄准了他在一个特定时间里的一份最真实的感受，并用他对当下的这份感受去关联他的未来。美国心理学家简·博克在她的著作《拖延心理学》中有这么一句话：“你的感受连接着你独一无二的自我，只有你自己才能体验你的感受，而感受是意识的一个重要组成部分。”让我庆幸的是，在那个万圣节的晚上我没有用大道理去战胜Ian对时间和自我的失控，没有和他去争谁对谁错；相反，我选择了与他的“感受”站在一起，放下了几乎每个家长都会死死抓住的那个执念——“未来”（考上大学）比“现在”（过万圣节）更重要。但是，我紧紧扣住了他对万圣节的真实“感受”，引导他把“当下”这个万圣节与一年后的万圣节联系在一起。于是，奇妙的事发生了，我似乎听到空气中传来“啪嗒”一声，就像打火机一下子点燃了明年万圣节的火苗——我让儿子的大脑

里出现了一幅形象的画面：明年的万圣节，如果我没有新朋友、没有新校园，一个人过万圣节会多悲惨啊！

读到这里你也许会想，Ian 已经快 18 岁了，难道这样显而易见的道理他都不明白吗？一个面临毕业季的高中生，理所当然应该把考大学放在第一位，因为只有考上大学，自己的未来才有保障，成功人生才有可能实现啊！可非常不幸的是，孩子与我们之间常常会出现严重的时间与认知的错位：在孩子的眼里，“当下”的感受比“未来”的成功更重要、更实在；而在家长眼里，“当下”必须为“未来”让步，如果失去了“未来”，“现在”的一切都毫无意义。因此大人习惯如此与孩子讲道理：“为了好的未来，你要牺牲现在，不要再贪玩了！”

那么到底孰对孰错呢？是当下的感受重要，还是未来的成功重要？让我们来看一看在孩子的世界里，“现在”与“未来”之间到底有着什么样的关系。

我们在本章第二节里讨论过“主观时间”。作为一种意识，“主观时间”是自我的、模糊的，甚至是可以被主观暂停的。当我们与孩子冷静地讨论“过去、现在、未来”时，时间变得主观而模糊，因为它失去了时钟上的精确刻度。为什么会这样呢？脑科学家为这一现象做出了有趣的解释：孩子的大脑多半是被定位在“当下”的，他们习惯用“当下”的存在和感受来选择做什么、来决定不做什么。比如，一个阳光自信的孩子，他会选择忘了过去不愉快的事，因为他的大脑被“当下”的乐观心理掌控；同样如果一个孩子在“当下”经历了负面的感受，他就会沿用“当下”的负面感受去预设未来。比如，他在班级里与同学关系处不好，于是他会害怕一个人去参加夏令营，会想象在陌生的环境里自己将遇到同样糟糕的事情。回到 Ian 过万圣节这件事上，即使当时他快要 18 岁了，但他仍未成熟的大脑把他留在了“当下”，让他心甘情愿地忘了“未来”的大事。到此我们解开了一个迷思：为何孩子们不愿意听我们讲“立足现在、展望未来”的大道理。

那么，怎么才可以让一个看似发育完全的大脑真正地“开窍”呢？对此，美国心理学家丹尼尔 · 西格尔在《全脑教养法》一书中做出了简单易懂的解释。他把大脑比喻成是一座两层的小楼，第一层被称为“下层脑”，第二层被称为“上层脑”。下层脑包括脑干和边缘区域，主管情绪和感受。而上层脑是由大脑皮层及其各个部分构成，尤其是额头后面的前额叶皮层，它主要掌管高级分析思维功能，我们希望孩子拥有的很多品质也在此产生：判断力，自控力，道德感，等等。同时还有一个更关键的科学发现：下层脑在孩子出生时就已十分发达，而上层脑却要到成年后才能发育成熟。

原来孩子们突然脑子“短路”、脾气“犯浑”都是那个未发育成熟的“上层脑”惹的祸：即使我们的孩子体形已长到与成人一般高大，但他们的大脑在压力和诱惑同时出现时，就很难为自己做出理智而正确的决定了。因此，当家长再遇到孩子像 Ian 那样突然“犯浑”时，不要急着控诉他“不思上进、不对自己负责”，也不要说：“你这样做，就是自毁前程！”因为，我们要理解孩子被困在他的“下层脑”的原始感受里，他还不具备发挥“上层脑”的理智能力。

因此，回望那个渐行渐远的万圣节，我深深地体悟到面对一个倔强而冲动的青春期大男孩，我要做的不是发飙，不是强势地改变他的选择，更不是把他关起来。我做对的就是把万圣节变成了一个场景，用

“没有地方过万圣节”唤醒了他对“未来”的感受；而明年的万圣节实质暗喻的就是明年去哪儿上学，我试图在不知不觉中把他从下层脑的感受世界里往外拉，再把他推进上层脑的理性世界里。当他意识到“上大学”与“过万圣节”是联系在一起时，我就不需要再多讲什么为了未来好的大道理了。

至今我还记得，当 Ian 在电话里告诉我他拿到了大学录取通知书时，我落泪了。当然不仅是因为他考上了自己想去的大学，更是因为感叹我们母子俩手拉手、肩并肩地打赢了一场没有硝烟的升学大战，Ian 也逃过了他人生成长过程中的一次“劫难”，总算没让自己的“糊涂脑子”搞砸大学申请。从那以后我常常会在心里对自己说：“过了这个 2016 年的万圣节，我还有什么过不去的呢？”

父母“焦虑未来”，活在“上层脑”的竞争世界里

中国家庭已进入全体“焦虑未来”的育儿时代，无论贫富贵贱，只要我们身为父母，都免不了会被卷入这场史无前例的焦虑浪潮里。为人父母，我们都希望孩子未来的人生变得更好、事业更强、家庭更富有；但同时我们又因为忧虑过重，把人类对明天的希望活生生地演变成了一场全民对教育的恐惧心理战。而这样的情况不只发生在今天的中国，其实早在二十多年前美国也上演过。

为此美国心理学家温迪 · 格罗尔尼克博士在 2008 年写了一本广受关注的书——《压力下的父母与紧张不安的孩子：为养育出成功的孩子

而竞争》。在书中，格罗尔尼克博士给焦虑的美国父母取了一个全新的名词，把这一群父母的焦虑称为“Pressured Parents Phenomenon”（简称PPP），翻译成中文就是“受压家长现象”。他生动地描写了当时的状况：“当孩子面临来自学业、体育、社交、艺术等方面的激烈竞争时，我们的‘生理逻辑控制电路’就会启动，引发一种焦虑的反应。这是一种来自内心的巨大压力，大到让我们坐立不安，直到我们觉得自己的孩子有了百分之百的保障。例如，已经被某个极具吸引力的学校录取了，或已经在学校的管弦乐队里获得了一席之地，或已经进入大学的校级运动队，到了这时我们才感到安定下来。”

在过去的十多年里，以上这段著名的阐述被美国各大媒体和家长广泛引用和讨论，由此还推动了美国父母与教育界开始正视集体育儿焦虑症的问题。对于PPP造成的后续问题，格罗尔尼克博士还做了以下两个重要的总结：

第一，PPP是一个危险信号，它会升级父母的负面情绪，加重家长心中的危机感。比如，一旦PPP出现，家长们的压力激素就开始发作。在这样的情况下，任何一位本来充满爱心的父母都很难保持安静，因此家长很难与孩子一起心平气和地分析失败原因，并从中吸取经验教训。

第二，PPP会把焦虑传染给孩子，无形中给他们带来巨大心理压力，阻碍他们体验失败、走向成功，更严重的是还会疏远父母与孩子的亲子关系。

综合起来看，这样的育儿焦虑现象会让父母丢失养儿育女的初心，让孩子的精神世界离父母越来越远。可悲的是在过去的十多年里，中国家长也开始“染上”了相同的思维模式，开始走入两大“唯恐”的养育误区。

我把第一种焦虑心态称作“唯恐落后”的意识。家长只要一看到别人家孩子做了什么，而自己家孩子没做，家长就会心生恐惧，担心孩子会落人之后，会变得比别人差、比别人弱、比别人没用。由此整个社会充斥着育儿的从众心理、教育的攀比心理和对未来的焦虑心理。这样的从众、攀比和焦虑未来的心理混杂在一起后，又生出了一个怪胎，我把它叫作“唯恐吃亏”的心理。围绕着优质教育资源，家长认定了自己的孩子不能“吃亏”，因为一旦“吃亏”孩子就会“落后”。

比如，孩子一生下来父母就开始害怕“我的孩子进不了好学校怎么办”。接下来就是择师、择班焦虑，孩子进了好学校，父母便开始担忧如果被分到差班怎么办。即使最后孩子如愿以偿地挤进了好班，家长还会担心孩子的成绩排名靠后、遇到不喜欢他的老师怎么办。这样的“唯恐落后”和“唯恐吃亏”心理互相捆绑、互相推波助澜，让家长从幼升小到小升初，从中考到高考，每走一步都是如履薄冰。这种步步为营、举步维艰的养育和教育模式投射在孩子身上，会使孩子没有自我、没有存在感和价值感。在我刚做完的一次线上课程里，一个妈妈提问说：“我的孩子一年级，我要为她做什么样的人生规划？”还有一位妈妈开玩笑说，她要为10岁的女儿准备好嫁妆。在我看来，这些家长已习惯于上层脑的竞争世界，无限放大对教育的忧虑，丢失了一份养儿育女最需要的平常心。

减轻焦虑，从整合上下脑开始

改变“唯恐落后”和“唯恐吃亏”心理要从这一代的父母做起。首先，我们要让父母的大脑“成熟”起来。你可能会说：“我们都已步入青壮年，我们的大脑不已经完全定型了吗？怎么可能再让大脑发育、成熟一次？”实际上，现代大脑科学研究证实，人的大脑在环境的刺激下会不受年龄的限制而发生持续的改变。因此只要我们真心想为孩子做出思维和行动上的改变，就有可能对自己的大脑做一次“整合”，来一次“变革”。

从进化论角度看问题，下层脑相对而言更原始，家长遇到孩子闯祸、考试考砸、犯错等情况时，下层脑会启动情绪化的应激反应，为自己增压，于是会止不住地对孩子喊：“就知道你考不好，白养你这样的孩子了。”然而“上层脑”相对而言更高级、更容易接受进化，会启动理智的反应，为自己减压。比如，用“上层脑”思考问题后的家长会更理解孩子的处境：“孩子这次的确没有上一次考得好，但我知道他已经努力复习了。所以，我不能打击他的自信。”同时，“上层脑”还擅于从孩子的角度提建议：“宝贝别怕，我会帮助你制订好下次的复习计划……我们一起把分数追上来。”所以，凡是不断抱怨孩子现状，骂孩子笨、不努力、偷懒的家长，他们的大脑思维基本停留在“下层脑”的情绪发泄里，这就像把自己封闭在一间无形的情绪小黑屋里，除了焦虑，无法做出正向的思考。因此，父母需要有意识地强化自己的“上层脑”，用“上层脑”来控制“下层脑”，关注孩子的现状和需求，与孩子建立起同频共振的心灵链接。

具体怎么做呢？很简单，我总结了一个五字口诀：动脑不动气。当我们感到情绪压力上来时，就对自己说“不动气”，这是在暗示自己要从“下层脑”的情绪世界里走出来，不和孩子怄气，不打骂，不用激烈的方法来扩大事态；“动脑”，就是象征着往“上层脑”的理性世界里走，理智地寻找解决方案。回想万圣节的那天晚上，我可以待在“下层脑”里对儿子大哭小吼，告诉他我付出的 18 年心血将被他付诸东流，控诉他对自己不负责任、对父母忘恩负义等。但是我没有这样做，我用“动脑不动气”的五字口诀克制了自己即将爆发的情绪，只用了一句话就顺利带领他从“下层脑”的小黑屋里走出来，重回光明大道。

有了五字口诀后，平时还需要做一些“战前操练”。比如，提前自省一下哪些是会使自己的情绪爆发的敏感事件。一般来说母亲更在意孩子的成绩，一听到考试成绩不好就会着急；而父亲则更苛求孩子的品行和待人接物的态度。所以我们常常会听到妈妈喊：“下次再考这个分数回来，我就……”听到父亲叫：“你再随便拿别人的东西，我就……”

我在南方一所中学的走廊里，亲耳听说有个男孩因故被老师告状，因为怕被爸爸打而从那个走廊的阳台跳下，结束了生命。有家长评论说，为何现在的孩子这么脆弱，一遭打就要跳楼？那是因为一家人把自己关在“下层脑”的情绪黑屋里太久了，孩子就像惊弓之鸟一样活在极度惊恐之中，不知道哪儿是尽头、哪儿有希望，所以特别容易走极端。因此，我们需要列出情绪“易爆”清单，家庭成员互相提醒：如果妈妈进入了成绩的敏感区，爸爸就用五字口诀来提醒；一旦爸爸的火暴性子发作，妈妈就来提醒爸爸；同时父母双方都要了解孩子心中的敏感区，不要急于在这一刻通过强力去解决长期积压下来的老问题。

孩子的成长，就是从“下层脑”往“上层脑”攀升

还记得“用进废退”的大脑发展原理吗？大脑科学研究发现上层脑就像肌肉，经常使用就会越来越强壮，表现越来越好；忽略上层脑，它就会停止发育，丧失能量，失去运转的能力。这就是我们所说的“越用越灵光”。因此，当父母整合好自己的上下脑后，就要帮助孩子整合他的“上层脑”和“下层脑”了。那怎么整合呢？答案我们都知道，就是家长不应该事事控制孩子的行为和决定，给孩子机会思考行与不行、对与错、该做与不该做，这就是在鼓励孩子做大脑的锻炼。

当然，帮孩子做上下脑整合还是需要分阶段、分重点，是讲究方式方法的。

在小学阶段，虽然孩子的左脑已经开始发育，但离完全发育还有很漫长的十多年时间，因此小学生看起来好像懂道理却总不断做错事。所以我在《父母的格局》里提出了“让孩子在错误里多待一会儿”的原理，建议父母放手让孩子在该犯错的年纪里多犯点小错，不要一看到孩子犯错就忍不住冲上去替孩子“灭火”，这样做就等于抹杀孩子在试错中锻炼上层脑的机会。在《学习的格局》里，我进一步介绍了“有效失败”的四象限概念，鼓励父母在孩子犯错后采用四象限的模式与孩子展开讨论，分析失败中可能包含的“有效性”，只要把错误中能够推动自己做出改变的“有效性”找出来，孩子就可以吸取教训、反败为胜。有没有发现，“让孩子在错误里多待一会儿”与“有效失败”四象限都是在调动孩子的上层脑，引导他们做自我验证、自我反思和自我醒悟的练习。

到了青春期阶段，我们需要面对的新问题是青少年的抗塑性，也就是孩子会主动抵制环境对自己的塑造和影响。目前世界卫生组织将青春期的年龄范围定为10~20岁；我国一般为11~18岁。所以，从小学高年级开始，孩子会表现出不愿与家长合作的样子，一旦发现父母要控制或改变自己，就会做出激烈的反抗。这时我的应对方式就是把亲子的“抗争时刻”变成亲子共享的“成长时刻”。就拿青春期孩子喜欢赖在床上读漫画书、追剧、打游戏为例，如果家长气冲冲地闯进孩子的卧室，掀开被褥大喊说：“你怎么这么不懂道理?！跟你说了千遍万遍要起床了，你怎么就是听不见啊……”这时，孩子的大脑会立即进入强烈的“抗争时刻”，非但赖床问题得不到解决，还会引发一场家庭大战。

我的大儿子在进入初中后，也开始出现“我的时间我做主”的现象，经常因为赖床缺席周末上午的家庭活动。于是，我开始琢磨如何“治”他这个赖床的毛病。正在这当口儿，他“偶遇”了击剑运动，当时击剑馆还没有今天这么盛行，我找到了一个离我们家不远的击剑俱乐部，发现课程居然都在早上9点开始，我倒推了出门的时间后发现我们最晚7：30得起床。我把这个时间表给儿子看了，没想到他毫不犹豫地说：“可以啊，我想去的。”从那天起，我们母子俩每周六都会在早上7：30前起床，9点前抵达击剑馆，而这样的训练持续了三年。

就这样我用一个孩子喜爱的运动把催起床的“抗争时刻”，变成了孩子自觉自愿早起床的“成长时刻”。虽然这样的解决问题模式见效缓慢些，对父母的时间投入要求更高一些，但孩子的改变和成长却会自然而然地发生，亲子关系也会变得更紧密、更相互信赖。而且值得庆幸的是，经过这样一次次“成长时刻”的磨合后，孩子对妈妈建立起信心，知道我不会随意责备他、羞辱他，因此等到再出现难解决的问题时，他会主动找我帮忙。记得从初中到大学这重要的十年时间内，我们母子俩逐渐形成了一种默契：无论发生多大的事，他都会在第一时间告诉我，我们会互相打气，一起找出止损的方法；等善后工作完成后，孩子从心底里感谢妈妈时，我会趁着这个大好时机来要求他拿出自我改变、自我纠错的计划。

记得大儿子进入大三那一年，他告诉我自己开始使用一款时间管理的应用软件，来帮助管理和监督自己每天上网的时间，以此根除沉迷游戏的大难题。他解释说，他给自己定下了每天和每周上网的时间限额，也明明白白地看清了自己在哪些事上花了多少时间。当时我问他：“如果你在电脑上看电影、追剧或打游戏，但在录入时却把这些娱乐时间写成做作业时间，那还是达不到自我管理的目的呀？”没想到他这样回答我说：“如果你根本就是要骗自己的话，何必这样来烦自己呢？”就在那一年他获得了整学年每门功课满分的好成绩。为此他还给我发来了一句话：“妈，你看看，过去那个拿满分的 Ian 又回来了！我知道我能做到的！”望着这条短信，我发现距离儿子上一次全学年拿满分已经整整过了九个年头，离他差点误掉大学申请文书的那个万圣节也有四个年头了。

由此，我总结了帮助孩子整合大脑的秘诀，那就是感受他现在的感受，启发他用当下的感受去关联未来的感受；避免情绪化的“抗争时刻”，营造启迪孩子自我改变的“成长时刻”。最后一定要记得，有些孩子是需要父母付出加倍的耐心、加倍的信任才能成为一个优秀的自己，因为他们的大脑需要更长的时间来成熟和发展。

小节结语

原来在不知不觉中，我选择了一条允许孩子按自己的节奏慢慢成长的路。我陪着他走过了颠簸的青春期，绕过了很多让人几乎绝望的弯路，最后收获了幸运和成果。能走到今天是因为我确定了不强迫、不急躁的养育方式，允许孩子在不断犯错中练习从控制本能的“下层脑”里慢慢走出来，逐渐练就一个强大的“上层脑”。如果你的孩子也正步向成年，如果你也发现他不停地犯错、叛逆或逃避，那么除了继续保持耐心和信心之外，你还需要审视一下自己的养育方式，看看自己是否就是停留在“下层脑”里不断为未来焦虑的父母。

第 02 章

时间的钥匙

解锁孩子四大阶段的成长动力

在第 01 章里，我们讨论了四大养育陷阱，我们看到了在控制模式中长大的孩子，10 岁前可能乖乖的，一旦进入青春期后就会状况连连，让父母叫苦连天。其实，青春期孩子的问题早在 0~6 岁阶段就已埋下了种子；而这颗种子在 6~12 岁时期会继续生长，直到青春期时问题猛烈爆发。因此，看明白孩子生命发展早期的四大阶段，是为人父母要做的最重要的养育功课，如果我们不理解这个阶段性成长的特性和需要，就无法看懂孩子 0~18 岁期间发生的重大变化和真正的需求，不知道应该在什么时候、什么地方花多少时间、做好什么事情。

第 02 章将讨论从出生到成人的十八年成长旅程中的四大发展心理基础。在出生后的头三年里，孩子首先需要学习掌控自己的身体，以拥有行动的自主感；到了幼儿园阶段，孩子开始迫切需要自尊感，这是他交朋友、融入集体的心理基础；到了小学阶段，孩子需要依靠成就感来应对学业挑战；进入青春期后，想要安然度过这个质疑自己、怀疑世界的阶段，孩子则需要发展出良好的自我价值感。

因此，自主感、自尊感、成就感和自我价值感形成了四把生命的钥匙，引领孩子开启走向成人之路的四段新旅程，完成每一段旅程中出现的一个个成长新任务。这就是我的时间格局养育观，它关乎父母能否用发展的眼光看待孩子十八年的成长，能否用科学的养育观来主导为人父母的责任。

第一节　0~3 岁人生哺育期：奠基生命之初的自主感

我们都愿意相信孩子的生命潜能，相信孩子与生俱来就拥有非凡的能力。但是，当我们看到孩子刚出生时柔弱无助的样子，就很容易把这样的信念抛到脑后，恨不得用自己全部的爱把小婴儿包裹起来。然而这样的爱恰恰会在不知不觉中阻碍孩子的潜能发展。这里有一个关于蝴蝶幼虫在生命之初靠自己学会生存的动人故事，也许它能在每天的育儿路上提醒我们，一个孩子的生命潜能远比我们想象的要强大得多。

荷兰的一位科学家德佛里斯在研究动物时，发现了一个奇妙的生命现象：蝴蝶幼虫孵出以后，蝴蝶妈妈并不会喂它，但它却能自己找到食物并生存下来。原来，为了保护幼虫顺利孵出，蝴蝶妈妈会把蝴蝶虫卵生在树叶茂盛的背阴处。一旦孵化后，幼虫就需要立即为自己找到一种嫩树芽当食物，而这些嫩树芽却长在高高的树枝尖上。这让科学家感到非常纳闷，这些蝴蝶幼虫是怎么知道爬上枝头的路径的呢？原来新生的蝴蝶幼虫虽然弱小，但对阳光却有着天生的敏感度。当阳光在树枝和叶子之间洒下斑斑驳驳的光亮时，幼虫就会不由自主地迎着光亮、蠕动身体向树枝的顶端攀爬，最后在树枝尖端成功地找到最嫩的树芽。就是这个强大的生命潜能，它能让蝴蝶幼虫无师自通地靠一种天然的能力生存下来。

这个奇妙的故事特别打动我，因为它揭示了自然界关于生命之初的一个大秘密：婴儿就像蝴蝶幼虫，自带着一种潜在的生命力来到父母的身边。婴儿虽然看上去弱小无力，但他们的身体里蕴藏着同样强大的潜能：一生下来就会大声哭叫、自主吮吸、睁开双眼、摇晃四肢，更别提我们看不见却正在飞速发育的人类大脑了。而作为新手父母，我们需要做的第一件事，就是对这份强大的生命潜能抱以最大的信任，因为这份信任就是开启孩子智慧和潜能的最重要的一把钥匙。

孩子的聪明与潜能，怎么开启？

自从孩子降生后，家长就会不自觉地关注起一个问题：我的孩子聪明吗？显然在孩子的生命早期，这个问题很难回答，因为小婴儿既不会说话，也不怎么会动，而聪明又是一个看不见、摸不着的东西。但对聪明的冀望里包含着家长对孩子未来最美好的期盼，也因此让许多家长在宝宝出生前就大把地花钱做胎教，等孩子出生后早早送孩子去上早教班，以为这样做就可以早早地打开某个神秘的“聪明阀门”，让孩子变得才智超群。

然而，真正能够开启孩子潜能并护航孩子不断展现潜能的，不是超前教育的早教班，而是父母坚信孩子也拥有像蝴蝶幼虫一般迎着阳光蠕动的那股生命潜能。这股被深埋在孩子身体里的巨大能量，只有在鼓励自主探索的家庭环境里才能被看到、被激发。因此，如果我们相信这份潜能的存在，努力激发这份潜能，那么孩子就会变得一天比一天灵动。

你可能会问，父母的信任与孩子的聪明有什么关联？为何信任孩子的潜能，就能让孩子变聪明？这其中的关联正是中国父母最容易忽略的：0~3 岁是一个人生命最初的三个年头，但就是在这短短的三年里，孩子学会了吃饭、如厕、行走、说话、玩、听故事、读绘本等，所有这些重大的进步都必须来自一个源头，那就是孩子对自我行动所拥有的自主感。如果孩子不具备自主掌控行动的能力，那么与这些行动相关的身体器官的发育都将停止。所以，在婴幼儿阶段，父母除了提供孩子最需要的食物和营养、起居照顾、安全保障之外，就是要为孩子播种行动自主感的人格特质。我想很多家长一定会问，一个小小的婴儿连吃喝拉撒都要我们管，哪儿来什么行动自主感呢？

在英国有一个世界顶级的婴儿大脑研究实验室，专门研究在生命的头两年里婴儿的大脑发育过程。研究人员曾经为只有一周大的男孩亚瑟带上了一个大脑传感器，观察他的大脑对不同事物的反应。结果让人吃惊：亚瑟的大脑对玩具没有产生任何反应，但是当人脸出现时，他的大脑颞上回区开始出现明显的活动。[①] 这个发现让研究人员喜出望外，因为它说明，孩子从出生起就拥有强大的内在自主性，即使婴儿还看不清周围的世界，但大脑却已经能够对外界做出选择性的反应：亚瑟从环境中选择对人脸做出回应，对玩具无动于衷。

这是为什么呢？因为生命潜能告诉婴儿大脑，他只有通过与他人交流才能获得照顾和生存，因此大脑凭直觉感知到了与他人交流是赖以生

① 资料来源：英国广播公司，纪录片《宝宝的神奇世界》，2018。

存的第一环境要素，这就如同蝴蝶幼虫对阳光拥有特殊的感应能力一样。而对于玩具，婴儿大脑则判断它对自己的生存无用，因此选择不反应。看来孩子在拥有行动能力前，已经可以靠潜能为自己做出自主性的选择了。因此早在小婴儿出生那天起，如果我们早早地相信孩子具有行为的自主性，就会极大程度地激发孩子内在的生命潜能；反之，则会阻碍婴儿自主行为的发展。因此父母的养育观从孩子一出生就开始影响孩子未来的人格形成了。

那么，让我们再近距离地看看脑科学里关于聪明的秘密。刚出生时，婴儿脑重只有成年人的25%，但到了3岁时却能达到成年人的85%，5岁时竟然达到95%。也就是说在5岁时，如果把大脑的本体称为硬件的话，孩子的大脑已完成了95%的大脑“硬件”发育，达到接近成人大脑的发育重量了，因此这成为孩子在出生头五年里智力迅速发展的硬件基础。而相对大脑重量（硬件）来说，还有大脑“软件”部分的发展，科学家很形象地把这部分发展称作大脑在为神经元网络“布线”：神经元就是神经系统的基本单位，负责接受刺激和传递神经冲动，科学家把上百亿个神经元比作一张看不见的网，由无数个“突触”把神经元有序地编织和连接在一起，这就是“布线”的过程。

如果我们把神经元比作网线，那么网线与网线之间的连接部分就是“突触”了。宝宝刚出生时，“突触”的数目非常少。然而在生命的第一年里，只要出现外部环境的新鲜刺激，神经元就会以每秒700~1000个的惊人速度建立新的连接，3岁时连接的数目甚至会超过成年人。然而，当外部给予的刺激不够时，神经元还会展开自我的“突触修剪”，意思就是在大脑发育期间，最经常接受到环境刺激的神经元和突触会不断发挥功能，继续发育和发展；那些不经常被刺激的神经元就会失去突触，渐渐地这部分大脑功能就会被削减掉。[①]

因此，大脑科学的研究为我们总结出让孩子变聪明的一大秘密：尽可能多地增加孩子的大脑突触，因为突触越多，被成功连接的神经元就越多，那么孩子的大脑神经活动就会越活跃，孩子对外部的反应也就会变得越灵敏。而增加突触的最好办法又是什么呢？一是给孩子提供足够的但可以自主选择的环境刺激；二是让大脑突触在良好的身心体验中蓬勃快速地发展。

“自由地观看”，就是为大脑发育布线

这里我们再一次看到了“自主选择”四个字和一个重要的“体验”概念。这告诉我们，在孩子变聪明的过程中，来自环境的刺激极其重要，但是先决条件是接受刺激必须是一个“自主选择”的过程，不能是被动的；同时还需要通过真实的身心“体验”才能让神经元成功连接形成突触。这就解释了为何有些孩子在刚进入幼儿园时，与小朋友一起玩连说话都有困难，甚至孤僻内向，无法顺利参与到集体活动中去；而另外的一些孩子却语言能力发达，性格开朗而主动，在集体活动中一眼就让别人觉得聪明伶俐，自信满满。排除先天的因素，这两拨孩子之所以有截然不同的能力和个性，主要还是因为他们所处的成长环境和家庭养

---

① 资料来源：[美] 谢弗等著，邹泓等译，《发展心理学：儿童与青少年（第九版）》，中国轻工业出版社 2016 年版。

育方式存在不同。

那具体是什么样的不同呢？教育家蒙台梭利曾说过这么一句重要的话：“儿童的进步不是取决于年龄，而是取决于能够自由地观看他周围的一切。”有没有发现，“自由地观看”与“自主选择”何其相似啊。蒙台梭利把“自由地观看”放在了能够决定儿童进步的重要地位，因为它就是行为自主感的具体体现。

西方的父母更倾向于让孩子早早成为一个“自由地观看”者。孩子出生后不久父母就会把小婴儿背在安全背袋里带出门，让孩子体会户外的新鲜空气和车水马龙的嘈杂声。为了保护孩子的颈椎和脊柱安全，一般家长会把6个月之内的孩子脸朝胸口方向背，这样孩子可以近距离地看见妈妈或爸爸的脸，会很有安全感；6个月之后，家长就会把孩子面朝外背，这时孩子已经可以非常灵活地左右转动脑袋、自由地挥动手脚，望着周围一切新鲜的事物嘴里兴奋地发出“呀呀”的喊声。就是这么一件育儿的小事，却体现出一个科学养育的道理：当孩子在背袋里采取直立的体位时，他的视线与大人视线的方向是相同的，也就是他看到的事物与父母看到的事物是同步、同时发生的。虽然在这个月龄段，孩子还不能为自己的身体做主，但是他却可以借着背袋直立身体，通过转动眼珠和脑袋让自己变成一个可以“自由地观看”的人。

可以看出西方的父母在养育的早期，会更关注为孩子营造环境的刺激，尤其是让小婴儿拥有一定程度的行为/视觉的自主性，以此创造出更多的神经元之间的突触连接。在这个连接过程中，孩子的新技能便开始萌芽，各种潜能会突飞猛进地发展。相比之下，我们在孩子的早期养育里，会把安全和食物营养看得更重要，把孩子包裹在安静、舒适、没有任何挑战的环境里。一天中大部分时间会让孩子躺在婴儿床或摇篮里，即使大人短暂地抱起孩子，也都会将孩子横着抱在怀里。因此孩子的视线角度基本保持单一而固定的一个方向，孩子最多看见的不是白色的天花板，就是大人的脸庞。即使等到孩子稍大了一点，我们还是会让孩子多穿一点、少动一点，以为这样会更安全、更不容易着凉生病。在这样的生活环境里成长，孩子能接受到的环境刺激就会变少，大脑会误以为那些不常被使用的神经元就是些无用的“弱者”，所以开始“淘汰”它们。

看似简单的“观看”，却包含着很关键的自主意识的培养。在观看的过程中，孩子练习用目光自主选择观看什么；更重要的是随着目光的转动，孩子开启了“我想看什么”的自主意识。然而，中国的父母从一开始就更倾向于以保护为重的带养模式，把生命安全、食物营养和环境的舒适度看得更为重要，习惯于用“一把抓”的方式来带孩子，从而忽略了对孩子自主意识的认可和培养。

我在安徽六安的一次公益讲座中，发现有一位母亲很奇怪地把一个8个月大的孩子脸朝下横放在自己的双腿上，我很希望这位妈妈能把孩子直起来抱着，能看看这个孩子的脸。但是孩子一动不动地趴在妈妈的腿上。最后到了提问环节，我忍不住问这位母亲为何不把孩子抱起来，让他脸朝外坐在自己的腿上，好看见周围。母亲对我说：“孩子还小不需要看。我们平时也不太和孩子说话，因为他还听不懂。”当时我的心紧抽了一下，不让一个8个月的孩子多看看周围有趣的事，也不和他多多讲话，那么这个孩子的世界该是多么单调枯燥啊！而且更让我绝望的是，这个孩子竟然可以卧伏在妈妈的腿上一个多小时，没有吱过一声。

看来他已经习惯了被这样对待，如果长此以往，这样的养育方式可能导致孩子的大脑神经元消减，突触数量下降，于是一个迟缓的、被动的大脑就这样被塑造出来了，更别提自主意识的萌发了。

为何一个 0~3 岁的孩子需要自主意识呢？我们再来看一个“光剥夺”实验。实验者让一只刚出生才一个月的小猫有 3~4 天见不到光，这时发现小猫的大脑视觉中枢脑区退化了；如果再继续把小猫关在见不到阳光的地方，那么小猫的大脑损伤会更严重，甚至是永久性的损伤。① 如果我们把小猫见不到光的悲惨境遇想象成小婴儿看不到、听不到、摸不到东西时的感受，那么我们就能发现“观看”绝对不是一件小事。我们为孩子做的每一个选择和决定，其实都在“修剪”孩子大脑里的神经元网络，在潜移默化中影响着孩子的潜能发展。

所以，父母就像是自家孩子的大脑软件编程员，我们通过不同的养育模式把孩子的大脑变成不同的软件系统：过度保护的养育模式会编出一个简单的“听命系统”，冷漠压抑的养育模式会编出一个单一而粗糙的“僵直系统”，而鼓励观看的探索型养育模式，则会创造出复杂而精细的“交流系统”。一方面，父母允许孩子“自由地观看”，同时为孩子提供丰富的观看内容；另一方面，孩子积极、自主地观看，让大脑不断接收环境里的信息，不停地为自己的大脑搭建神经网络。只要家长能够创造丰富的环境，允许孩子“自由地观看”，孩子就可以“以每秒 700~1000 个的惊人速度建立新的连接”，而神经元连接得越多，孩子就会变得越聪明。

---

① 资料来源：[美] 劳拉 · E. 伯克著，陈会昌等译，《伯克毕生发展心理学：从 0 岁到青少年（第 4 版）》，中国人民大学出版社 2014 年版。

奠基自主感，从信任孩子的行为能力开始

我们已经了解到婴幼儿需要自主获得环境刺激，这对自我开启生命潜能有着重大意义。然而，矛盾的是处在0~3岁阶段的孩子在生活上还非常依赖父母的照料，这种外在的依赖与内在的自主感形成了巨大的反差。因此，孩子是否能在生命的早期形成自主感，关键在于父母能否与孩子建立起良好的互相信任的亲子关系。

20世纪最有代表性的发展心理学家之一埃里克森（1902—1994）在他的著作《同一性：青少年与危机》中对亲子信任关系做出这样的解释："这是由人生第一年体验而获得的对一个人自己和对世界的普遍态度。所谓'信任'，我指的是对别人的一种基本信赖，也是对一个人自己的一种基本信任感。"

在孩子出生后的一年半内，父母对待孩子的养育态度和照顾方式，会从本质上影响小宝宝对他人和自己的信任感。心理学家发现早在婴儿期阶段里，父母与孩子最需要奠定的就是互相的信任感。在这个双向的信任基础上，孩子的自主感才能得以进一步发展。这里我理解的信任有两重极其重要的意义：第一，父母对幼小生命所拥有的内在潜能抱有无条件的信赖，比如信赖孩子有能力以最自然的方式学会自主吃喝、自主拉撒和自主睡眠这三大自主生存能力；第二，孩子从父母那里获得了无条件的信任之后，对自我和外部世界发展出强大的信任感，这会增强孩子的自主意识，让孩子更主动地学习生活新技能。

然而，传统的养育观念基本还是承袭了过度保护的意识，让孩子的自主潜能与父母的保护控制之间产生了激烈冲突。比如在婴幼儿阶段，

第一波亲子冲突就集中在吃喝、拉撒、睡这三项生活能力的训练上。

如果用大脑科学来重新审视孩子学习吃饭这件事，就会发现从 8 个月大开始，如果小婴儿被允许用手来自主地抓、拿、捏适合自己的“手指食物”，那么吃饭这个动作就变成了向大脑传递环境刺激的重要路径：食物对孩子手指的刺激会从他的指尖传递到大脑，孩子的双眼对食物进行自主观察并同步感受到食物的味道，这一切都会在孩子的大脑里形成全新的体验，于是神经元开始通过新的突触连接积极地将各种信息传递到大脑的各部分……所以，让孩子学会自主吃饭的终极目的不仅仅是满足把食物送进孩子肠胃的“食物营养”需求，更是让孩子在安全适宜的家庭环境中，通过模仿父母的行为来练习自己对双手、双眼、嘴巴和食物的掌控感，并在不断实践中获得自主感。

然而很多家长容易忽略培养孩子的自主感，总是怕孩子自己吃饭吃得不够多、吃得太慢，嫌孩子弄脏衣物造成更多护理上的麻烦，等等。于是，家长习惯了喂孩子吃饭，让孩子好动的小手直接“失业”，甚至“转业”去拿玩具玩，造成了孩子边玩、父母边喂的怪现象。孩子幼小但是极度敏感的心灵得到了这样一个暗示：我不能自主决定吃什么，我的手不能为自己做什么。于是，孩子的双手渐渐地变懒了，而且这种懒于选择和行动的态度会“蔓延”到其他行为上。最后，孩子的大脑也变懒了，迟缓的行动和思维让他变得越来越依赖他人，越来越对自己的能力不信任，失去了自主感。

因此是否允许孩子习得自主吃饭的能力，实质是在考验我们对孩子的生命潜能的信任度：一个不信任孩子的父母，在未来的养育岁月里更容易把自己变成孩子生活的“掌控者”，孩子也更容易被塑造成一个听命于家长的“被动者”；相反，一个拥有开放心态的父母，会让自己成为助力孩子成长的“顺应者”，于是孩子也就更有可能成为勇于探索的“自主者”。

与允许孩子自主吃饭的原理相同，让孩子以自主的方式、循序渐进地习得如厕和自主入睡的能力，就是在帮助孩子练习自我控制、提升自主意识和增强自主感。因此，当我在观察一个低龄孩子与父母的亲子关系时，我总会先看他吃饭、如厕和睡眠这三项能力，它们犹如一个衡量指标，可以探测出父母对孩子自主能力的信任度，以及孩子对自我料理能力的自信度。当一个孩子长期被父母过度控制和保护时，他就会不由自主地对自己的能力产生怀疑。于是，孩子需要与父母分离时，就容易表现出羞怯、胆小，甚至还会习惯性地退缩到一边，不敢融入新的环境、尝试新的任务。

在许多讲座现场，经常有父母来问我：“为何我的孩子在家里一切都好，一到外边就蔫呢？”这时我不会直接给出一个标准答案，相反我会这样问家长：“吃饭时你会让孩子自己用勺子吗？当他不小心弄脏了地板，你会打他的小手吗？当孩子尿裤子了，你会骂他、打他吗？你的孩子和你分床睡了吗？”我问这一系列问题，完全不是在刁难家长，而是为了告诉他们，在大人以为的小事里，恰恰隐藏着孩子成长的第一把生命钥匙——奠基孩子独立人格的自主感。

允许探索，孩子才能独立自主

自主性，也被称为一个人的独立性。可能大部分家长在孩子 3 岁之前，还不会太关注孩子的独立性，因为总觉得孩子年纪还小，我们替他多做一点事没什么大不了的，等孩子长大了他自然就会独立的。但其实这是一个非常错误的观点，因为自主性是一种意识，如果这个意识在3岁前没有被“播种”到孩子的大脑里，管辖这一脑区域的神经元和突触就不会被刺激生长，因此独立做事的意识很难被建立起来，没了自主意识在先，孩子的独立行为也就不会产生。

此外，自主性还是孩子发展更多能力的一个重要的基础条件。比如没有自主意识的孩子，很难在上小学后突然学会自己安排时间、独立完成作业等。而且自主性与孩子未来的创造力发展密不可分，一些心理学家对富有创造性的数学家、作家、建筑家等的个性特征进行了研究，结果一致认为，“独立自主、自信心强、不求人、热情而勤勉、有决断、能自治和自制”等特征，是高层次创造性人才个性品质中最基本的因素。①

在许多父母眼里“可怕的两岁”是一个叛逆信号，但其实它告诉我们孩子内在的自主性经过0~2岁阶段的酝酿蓄势，终于开始冒头发芽了。记得我家两个孩子在这个阶段最喜欢说的两句话是：“No！不！”“Let me do it! 我要自己做！”听起来这是孩子们在“折腾”大人，但其实他们是在为自己争一份应有的“自主性”。对此埃里克森如此描述：“在正常情况下，一直要等到2岁，他才开始体验到作为自主性动物和依赖性动物之间的整个决定性的选择。”这句话一针见血地告诉我们，孩子2岁起的自主性要求是孩子人生中一个极其伟大的跨越，

① 资料来源：边玉芳著，《读懂孩子：心理学家实用教子宝典（0~6岁）》，北京师范大学出版社2014年版。

从 2 岁跨入 3 岁后，孩子身上的大小肌肉开始迅猛地发展，言语表达能力也变得越来越好，伴随而来的就是不受控制的自我意志的蓬勃发展。

因此，在我的孩子们从婴儿期（0~1.5 岁）跨入童年早期（1.5~3 岁）后，我就把养育重点从陪护一个依赖父母的婴幼儿，转变成鼓励他们逐步成为依赖自己潜能的儿童，也就是说我全力鼓励孩子们为自己做出一些自主的决定和主动的行为，给予他们机会去独立尝试一些自己感兴趣的事。我把培养自主 / 独立性总结成三个步骤，并为每个步骤设立了一个阶段性小目标。

步骤一：培养自主意识

1~2 岁阶段，培养三大生活作息的好习惯。第一，独立吃饭的能力和习惯；第二，在大人的提醒和协助下，规律地排便和自主如厕的习惯；第三，按自然作息的时间规律能够独立入睡的习惯。虽然在培养这三个习惯时我们需要付出昂贵的“学费”，但是习惯一旦形成，家长不但可以省心许多，孩子对自己“当家做主”的意愿也会变得更强大。我们常说“有志者事竟成”，这句话用在这里就是说要培养孩子的自主意愿，有了这个意愿才有后边发展出来的能力。

步骤二：学习照顾自己的行为

2~3 岁阶段，着重培养孩子独立照顾自己的行为。比如，配合父母自己穿、脱简单的衣服、袜子和鞋子；学会自己洗手、用毛巾擦手；练习漱口，在父母的协助下刷牙；入睡时不吵闹，和父母一起安静地阅读；外出时记得背上自己的小书包等。这些行为看起来琐碎且没有什么知识学习的含金量，但就是在这些小到不能再小的行为里，隐含了未来孩子在自主学习中最需要的一个能力和习惯，那就是“自己的事自己做”，自己的学习自己完成。

步骤三：建立社会化的能力

除了在日常生活中培养孩子的自主意识、能力和习惯外，家长还要为孩子发展社会化能力做一些准备。首先，发展社会性情感联结，也就是增加孩子接触外界人、事、物的机会，我经常说这就是要为孩子增加“曝光率”，让他经常看到一些新面孔、新场景、新事物；其次，建立在陌生环境里的自主社交意识，按孩子的兴趣有选择性地带孩子参加场景化的活动，比如，儿童的主题体验馆、游乐场、生动活泼的音乐课堂等，以此帮助孩子认识陌生场景，体验与陌生伙伴一起玩的感受；最后，锻炼自我融入的能力，等孩子逐渐排除对陌生环境的恐惧和怀疑感后，他就会拥有更稳定的情绪和自信来接纳陌生的朋友，融入新的游戏和学习环境。

激发孩子的自主能力，最需要的是家长能始终保持对“孩子是自主的强者”的认知。即使我们认为孩子看起来很脆弱，也要把他看成一个自我发展的主体。作为给予生命的父母，我们只是帮助孩子开启生命潜能的推手，因此我们需要改变固有的养育观念，孩子不是弱者，而是未来的强者，“食物营养”可以让他们的身体变强，“社会营养”可以让他们变聪明，家长要把重点放在适合孩子成长的环境营造上。

“社会养料”比“食物养料”更需要场景，如果我们想要孩子发展动手的行为和能力，就需要建立合适的练习场景，比如自己动手吃饭、整理玩具等。因此，心理学家概括出两种活动类型，它们都是早期练习自主行为和能力的重要场景。

日常活动场景。当孩子在日常的生活里能够自由地移动，积极地探索环境，看见和接触身边的物体，听到旁人的言语和其他的声音，那么幼年的大脑就会迅速形成组织，只要他们积累了足够的这样的经验，大脑就会正常发育。这样的日常经验所带来的脑发育，被称为“经验 - 预期型脑发育”①，而这样的预期贯穿了所有幼儿的大脑发育过程。比如，我的大儿子喜欢捣鼓水，总要抢大人手上的杯子，特别想玩脸盆里的水，爱拿淋浴器自己冲澡，等等。这样的自主性让孩子变得好动、好观察、好尝试，而这些就是刺激大脑发育的“社会养料”。

兴趣活动场景。这部分活动与日常活动不同，但都是与孩子的兴趣密切结合在一起的。比如阅读、书写、玩电脑游戏、编织复杂的手工毯子、拉小提琴等，而不同的选择之间存在着巨大的个体差异和文化差异。这些特殊学习经验会使已形成的脑结构产生额外的发育和精细化发育，因此这样的发育类型被称为“经验 - 依赖型脑发育”。②

从以上两个场景中我们可以看出，日常活动场景大多发生在家里，是最常规、最普通的行为，包含了每天吃喝拉撒的居家活动，以及有规律的一些户外活动和家人之间的言语对话。由于这些活动都是必然、可预见的，它们带来的脑发育也就被称为“预期性”的，也就是只要每个孩子获得足够的关注和足够的自主练习，这部分的独立能力就会建立起来。

---

① 资料来源：劳拉 · E. 伯克著，陈会昌等译，《伯克毕生发展心理学：从 0 岁到青少年（第 4 版）》，中国人民大学出版社 2014 年版。

② 资料来源：劳拉 · E. 伯克著，陈会昌等译，《伯克毕生发展心理学：从 0 岁到青少年（第 4 版）》，中国人民大学出版社 2014 年版。

而兴趣活动场景是非常个性化的，这些活动会因人而异、因家庭而不同。所以，由兴趣活动带来的大脑的更精细化的发育，被认为是具有“依赖性”的。比如，如果一个孩子从来不参加体育活动，那么他的大脑里掌管运动的区域的神经元和突触数量就会减少，在得不到更精细的刺激后，运动能力就较难持续发展。

创造场景分步骤鼓励孩子锻炼自主性的背后，还有一个深刻的道理，就是孩子必须通过经历真实的、自然发生的活动，才能自主地积累起属于自己的经验，而这些经验正是那把一刻不停地在“修剪”孩子大脑的剪刀。如果父母长期控制孩子的自主行为，减少孩子看、听、触摸和移动的探索机会，那么孩子的早期大脑发育就会受阻。大家可能还记得在《父母的格局》里，我的母亲曾坚持每晚为两个小外孙讲故事，因此外婆被誉为“故事大王”。最近她又写了一些回忆文章，其中有一个故事讲述了一位美国妈妈在初冬的下午与女儿玩水的场景，母亲用生动的文字记录下了这个孩子在真实生活中所获得的丰富经验。

《一堂西方早教实地观摩课》

记得在初冬时节的一天，气温偏低，我穿着毛衣加厚外套，再次带着小外孙来到公园晒太阳。我在阳光下的长椅上坐定，和外孙一起看着喷水池里几个幼童在玩水。他们样子憨厚、天真活泼，一会儿拍水，一会儿捧水泼向对方，不一会儿就玩得浑身湿透了。那些美国家长站在一边也没有干预，任由孩子们在寒冷的天气里继续玩水。

这时我看到一位妈妈推着童车，手里抱着刚学步的幼儿走进公园，小宝宝的小臀上还包着厚厚的纸尿裤。妈妈轻巧地放下孩子，只见小宝贝摇摇摆摆、连爬带走地爬下了三级阶梯，直往喷水池中央走去。妈妈赶紧脱鞋、卷起裤腿，跟在孩子后面也走进了戏水的行列。

玩了不一会儿，孩子跌倒了，妈妈也不急着搀扶他，而是拿了一只塑料皮球直接抛给孩子，母子俩玩起了抛球游戏。他们把球传来传去，小宝贝还挥舞着小手像模像样地给对面的妈妈打了一个飞吻。

孩子玩得心花怒放，但是嘴唇有点发紫，看来是觉得冷了。在征得孩子同意后，妈妈把孩子抱离水池，为他脱去全湿的衣服，再用大浴巾擦干水渍，换好纸尿裤，之后递给孩子一个奶瓶，没一会儿孩子的脸上泛出了红晕。

我坐在那里，望着他们母子俩从进公园到离去，始终快乐愉悦，没有听到一声大人的吼叫。这位妈妈带孩子的方式在我心里留下了一份难忘的记忆。按我们中国的传统家长式教育，谁敢在初冬寒冷的天气下让一个学步的幼儿去水里玩耍？难道大人也会赤着脚走进冷水里，陪孩子玩水球吗？我们的家长一定会用各种吓唬孩子的话来让他们怕水、怕冷，最后连骗带恐吓地让孩子放弃玩水。我们怕孩子受冻、怕孩子弄脏衣服、怕孩子生病，因此总是不尊重孩子的选择，剥夺孩子成长的体验和自由的空间，这才是忽视儿童的身心健康啊！

没想到在纽约的公园里陪外孙玩，也能经历一堂中西方早期教育的实地观摩课，让我难以忘怀。

我从母亲这篇小文中读出了她的敏锐观察，和对中西方不同养育理念的对比思考。母亲曾对我说，即使有时候孩子不会做或做不好某些事情，看起来他们在给我们添麻烦，但是我们应该乐意地接受它们，因为这些麻烦就是父母为孩子发展自主行为和自主意识需要交的一笔笔“学费”。而在3岁前的阶段性发展目标正是要通过“播种”自主性，来培养孩子的社会适应性，为即将到来的亲子分离、进入幼儿园小集体做准备。同时，父母选择相信孩子的潜能，相信成长中的孩子自带能量，这份能量带来的将是一个超越聪明的更广阔的生命世界，推动孩子从被动的“接受者”成长为自主的“探索者”。

小节结语

孩子出生之后，就把父母和原生家庭当作自己的人生起点了。面对这个新生命，父母不要急着教他做什么，而是先要一点一点地去触摸他、了解他，并怀着一份敬畏之心去认识他，因为他是带着自己独特的生命潜能来到我们怀里的。回顾孩子从出生到3岁，我们可以摸索出一条人格成长与核心能力发展的主线：0~1.5岁，与孩子一起建立最牢固的亲子双向信任感，从自然生存意义上来看，这份信任能够带给孩子最大的人生安全感和依赖感；1.5~3岁，允许孩子自己动手学习做力所能及的事情，形成独立吃饭、如厕和睡觉的三大好习惯，并通过日常和兴趣活动，帮助孩子自然地建立起自主意识，把自己看作是一个自主且能够独立探索的人。当信任感和自主感融合在一起时，孩子就为自己奠定了早期人格发展的基础。

第二节　3~6岁性格培育期：孵化人生早期的自尊感

我常把3岁到6岁称作养育的第一大“拐弯”期，父母就像刚学会直行开车的新手驾驶员，急需练习“拐弯”，如果掌握不好弯道技术，就很容易掉入各种养育的陷阱。为什么要这样来形容这个阶段的状况呢？因为从3岁开始，孩子的自我意识会变得越来越明确，家长的日常管控模式与孩子的自我意识之间将频繁地产生冲突，因此家长的养育模式必须从管好饮食起居里拓宽出去。如果说孩子的成长真的有“起跑线”的话，那么我认为3~6岁是父母最应该关注的性格培养的“起跑期”，这比抓住“语言敏感期”学英语、趁着还没上学多练才艺对孩子的影响大得多，也长远得多。因为，与其他能力相比，性格更能影响孩子未来成为一个什么样的人。

对此，许多家长还没有建立起意识，他们更相信孩子的性格是天生的，看到孩子不敢尝试，就说这孩子天生胆小，看到孩子不爱跟人玩，就说他生来性格内向。还有的家长对孩子的发展抱着超前期待，如果孩子在社交场合不能落落大方，就会立马指责孩子不得体，开始焦虑自己的孩子是不是不合群。对于孩子的性格养成，家长总有各种各样的误解，这就更需要我们了解孩子的“性格发展时间轴”，看看在 3 到 6 岁这个重大的养育拐点阶段里，家长应如何转变自己的养育观念，勇敢地跨过这个重要的台阶。

孩子的“自私”里，藏着性格形成的秘密

我们开始对孩子的性格有所感知的时候，往往就是我们再也无法把孩子叫作“小天使”的时刻，也就是孩子开始露出“自私的一面”时。孩子刚开始与同伴交往时，往往少不了会发生各种矛盾和冲突，比如争抢零食和玩具，莫名打人，没理由地哭闹……这让家长既头疼，不知怎么处理，又担心孩子以后会“没规矩”，甚至变得“太自私”。因此我们会急于纠正孩子的“不文明”行为，想把“自私”扼杀在萌芽阶段，而且还会错误地认为孩子一旦表现得任性就必须马上管教，不然以后就管不住了。这样的思维倾向会把孩子早期的“自私”行为上升成道德问题，而这往往会阻碍孩子自我意识的萌芽，反而造成孩子更大的性格问题。

同时也有一些父母对于孩子的“自私”行为不以为意，觉得孩子年纪还小，发生冲突很正常，无须多加干预。然而这种一味放任孩子的后果可能会非常严重。曾经北京地铁站里就差点发生一个惨案，一个五六岁的小男孩闻到了站在身旁的女孩手中鸡排散发的诱人香味后，冲过去对女孩说：“我想吃鸡排！我想吃鸡排！”但小姑娘拒绝了他的要求。没想到当地铁驶进站的那一刻，小男孩突然冲向姑娘使劲地推了她一把。幸运的是站在一旁的路人拉住了女孩的胳膊，在危急时刻避免了一件惨

案。正当女孩惊魂未定时，小男孩和母亲却悄悄地消失了。这明显是家长对孩子放弃管教的恶果，如果家长对孩子的这种恶意倾向不加干预，之后孩子的任意一次冲动行为，都可能毁了自己一生。

因此，在孩子性格形成的早期，我们既不能过分要求孩子事事按成人的标准做到行为“文明”，也不能视而不见地过度放任孩子的“不良”行为。而做出正确的引导必须先从根源上搞明白问题的实质：孩子的“自私”行为从哪里来？只有看明白了现象背后的科学道理，我们才能避免误判孩子的这些“不正常”行为，才能了解到如果我们引导得当，孩子的好性格竟然是从这些看似“自私”的行为中发展而来的。因此，家长可以避免掉许多不必要的焦虑和担忧，还可以更从容地陪伴孩子活出自己的性格、自己的模样。

了解孩子性格形成的秘密，首先要重新理解孩子“自私”的本质是什么。

我们先来看一个有趣的“三山实验”，或许它可以帮助我们找到孩子“自私”的根源。这个实验是由著名的认知发展心理学家皮亚杰发起的，研究人员在一只小方桌上放了三座高低、大小不同的假山模型，然后让一个孩子站在桌子的这一边，而桌子的另一边则放着一个直立的玩具娃娃。从孩子的视角看出去，离他最近的那座山顶上有一幢红色的小木房子，而从玩具娃娃的视角看出去，离它最近的应该是有白雪的那座山。当研究人员问孩子玩具娃娃看到的离它最近的山是哪座呀，孩子回答说玩具娃娃看到的山就是有红色小木房子的那座。由此，皮亚杰发现，这个年龄段的孩子还无法从玩具娃娃的视角去观察假山，他相信玩具娃娃看到的山就是自己看到的山。① 由此，皮亚杰总结出 3~6 岁的孩

① 资料来源：劳拉 · E. 伯克著，陈会昌等译，《伯克毕生发展心理学：从 0 岁到青少年（第 4 版）》，中国人民大学出版社 2014 年版。

子会出现一种叫“自我中心思维”的现象，通俗点说就是一切从“我”的立场出发，这个“我”完全看不见别人的需要，因此让学龄前儿童表现出极端的我行我素、唯我独尊的行为意识。这看似“自私”的表现，其实是孩子心理上非常了不起的一个发展新阶段。

婴儿活在跟妈妈融合的幻觉之中，认为自己与妈妈是一个人，这在心理学上被认为处于主、客体不分的认知阶段；到了“可怕的两岁”阶段，孩子开始在意识和行为上与妈妈分开了，开始觉得原来妈妈跟“我”是两个人；3 岁起，孩子才能从“我”这个主体里发展出“自我”这个概念，这标志着孩子有了自己的思想，开始进入“自我”与“他人”的关系认知阶段。也只有到了这个时候，孩子才能在心理上做好一定的准备，寻求与小朋友们一起玩，这也就形成了孩子最初的社交生活，所以上幼儿园都是从 3 岁左右开始的。

“自我中心思维”只是孩子成长的一个正常阶段，到了 6~12 岁，孩子的逻辑思考能力就开始快速发展了。这时奇妙的事情发生了，孩子又发展出一种叫作“去中心化”的能力。6 岁前的那个自以为是的孩子，现在开始能逐渐听懂道理了，而且还可以逐渐接受他人的意见了。这也是为什么前辈教育家们把儿童上学年龄定在 6 岁之后，而不是 6 岁之前。这与孩子大脑和人格发展密切相关，因为听懂别人的观点、采纳别人的建议是有效学习的重要认知基础；否则，孩子只能依靠重复记忆来学习，无法发展出推理、判断和独立思考的能力。

再接下来就是 12~18 岁的青春期，也是被皮亚杰称为形式运算的阶段，因为这时候孩子的抽象思维越来越强，能够进入更高层次的抽象概念学习了。在这个时候“自我中心”意识再次出现，但这次的“自我中心”正好与3~6岁的“自我中心思维”的主、客体对调了一个位置。3~6岁时的“我”，只看见自己而看不见别人；但是进入青春期的“我”，总觉得别人在看自己，总把自己想象成别人眼里的焦点，这是因为孩子的大脑里出现了一个“假想观众”的舞台，好似自己在这个无形的舞台上来回行走，成为观众们眼里的“主角”。因此，家有初高中生的父母一定会有同样的体会：孩子变得越来越关注穿衣打扮，尤其女孩对自己的长相和胖瘦变得越来越上心；如果同学对孩子说了一句批评的话，孩子的情绪会从高山之巅瞬间掉入万丈深渊。这就是“自我中心”强势回归所带来的青春期自我关注的秘密。

由此我们看到，孩子的性格发展就是一个内在的“自我”发展的过程。围绕着“自我”，孩子的性格发展不是一蹴而就的，它的形成轨迹看似漫长而松散，但有一根隐形的性格发展时间轴贯穿18年，涵盖了上述的四个阶段：

- ◆ 0~3岁：从与母亲融合到分离个体化，自我意识萌发
- ◆ 3~6岁：“自我”意识增强
- ◆ 6~12岁：去“自我”化
- ◆ 12~18岁：“自我”意识强势回归

对这根性格发展时间轴了解得越深，我们对孩子的许多“不良”行为就会有更全面、更透彻、更科学的理解。比如，孩子幼年时的“自私”可能是短暂的，只要我们不过早地给孩子贴标签，选择适合孩子年龄段的、善意的引导，孩子是有能力从3~6岁的“自私”中摆脱出来，

走向下一阶段的去“自我”化的发展的。而我们的焦虑也会因此而消失，在正确应对本阶段的难题时仍然抱着美好的期待，等待孩子下一个更成熟的发展阶段的来临。

播种自尊感，奠定自我发展的心理基础

了解了这根性格发展时间轴后，我们再来近距离看看，3 岁开始表现出“自私”的孩子心里，到底经历了什么。

随着“自我中心思维”的建立，3 岁左右的孩子对自己的物件会产生强烈的归属控制欲。比如，孩子要先确认“我的妈妈是我的”“这个玩具小熊是我的”，虽然他已经知道妈妈跟自己是分开的，玩具小熊也不是自己身上的一部分，但他们是属于自己的，所以你会看到这时的孩子对于“妈妈”和“玩具”都是很“自私”的。如果妈妈抱了别的小孩，他肯定要去抢回妈妈的怀抱，自己的玩具也绝不愿意分享出去，因为他还没有享受够这个全新的“自我”世界。

这时的孩子所提出的愿望、要求甚至拒绝也都透着他自己的立场和需要，因为在本阶段里孩子凡事只能从自己的立场和需要出发，看不见他人的立场和需要。如果这时我们把别人的要求和期待强加到孩子身上，也许因为年龄小他会顺从，但压抑久了可能会伤害藏在孩子内心的那个“自我”，甚至剥夺这个“自我”的成长和蜕变。所以在 3~6 岁的“自我中心思维”阶段，如果家长能理解孩子的“自私”，并能尊重他的那个独一无二的“自我”，就能有意识地培养自尊感。而一个人的自尊

感恰恰是培养所有良好性格的基石，因此它对性格的长远发展有至关重要的影响。

关于自尊，大部分父母会觉得，自尊是成人对自我价值和能力的一种概念化的判断，这么小的孩子哪儿会有什么自尊的意识和自尊的需要呢？因此在很多地区，家长会让孩子穿开裆裤直到上小学的年纪，会在大街上用不堪入耳的语言辱骂年幼的孩子，会在小伙伴面前直接批评和比较孩子。然而心理学家却发现，自尊作为一种心理感受在孩子 4 岁前后就已经出现了。那是因为 4 岁时，幼儿已经有了几方面的自我评价，如功课优秀、结交朋友、与父母相处以及友好地对待别人。① 而一个人对自己能力的评价，实质上会影响自我的情感体验，对自己未来的行为也会形成正面或负面压力，因此孩子的“自尊感”首先是自我发展的最重要的心理基础。

曾经有一位妈妈问我，孩子突然不愿意上学了怎么办？我告诉她回去仔细观察孩子最近是否在学校遇到了困难，并和他聊聊天，引导孩子说出自己的感受。结果孩子不想上学的原因妈妈完全想不到。原来妈妈给孩子买了一个带粉色图案的小书包，结果孩子被同学们笑话，说他背女生的书包。孩子回到家又不敢说自己不想背这个书包了，于是他的小脑子想出了一个逃避压力的主意，那就是不上学！他的思维逻辑是只要同学们看不到自己，就看不到自己背的那只粉色书包；只要同学们看不到粉色书包，自己就安全了。由此可见，孩子虽然还不懂“自尊”这个词，但是“自尊感”已然在他的心中发芽了。当自尊受到威胁时，孩子

① 资料来源：劳拉 · E. 伯克著，陈会昌等译，《伯克毕生发展心理学：从 0 岁到青少年（第 4 版）》，中国人民大学出版社 2014 年版。

连学都不想上了。然而在父母眼里，一只粉色书包只不过是小事一桩，怎么至于到不敢上学那么严重呢？可是在男孩眼里，不被同学们取笑可比上学重要得多。

这个真实的案例与心理学关于自尊感的研究结果不谋而合。心理学家认为，高自尊对幼儿早期形成行为的主动性具有重大的推动意义。“在 3 岁时那些自我价值和表现经常受到父母质疑的孩子，在面对挑战时会很容易放弃，并且表现出失败后的羞愧和泄气。”[①] 从这只粉色书包可以看出男孩在现实生活里经常被妈妈随便拿捏“做主”，甚至不能决定自己的书包买什么颜色。这些看似细小的生活细节，在父母眼里是关爱的体现，可在孩子心里却形成了低自尊感：“我很无用，因为别人笑话我了！”

为了让学龄前儿童主动尝试做事，我罗列出有利于保护自尊感的三大类活动：

主动学习生活新技能，尝试完成生活中的新任务。比如，学习并适应离开父母，勇敢地、主动地去上幼儿园；在幼儿园中练习自己吃饭、午睡和如厕等生活技能。这些自我照料的能力不是孩子可以推延发展的能力，在本阶段中一切生存和生活技能的实践都会促进认知水平的发展。如果孩子的这些实践和尝试机会被剥夺了，那么他们的身心发展将受阻，比如会出现自尊感低落、行动感差、自信心弱，最后无法适应入学的新环境。

学习与陌生的小伙伴互动，成为他们的朋友。比如，父母需要创造

① 资料来源：劳拉 · E. 伯克著，陈会昌等译，《伯克毕生发展心理学：从 0 岁到青少年（第 4 版）》，中国人民大学出版社 2014 年版。

游戏的环境，让孩子愉快地展开社会交往的初期的学习和实践，其中特别需要训练孩子口头表达自己的感受，向别人告知自己的意愿，因为这既是保护自己又是提升自尊和自信的一个重要技能；同时要在早期的社交活动中，根植帮助他人的意识，这既能培养一个好品德，也是在为上小学后的良好社会能力做预习的准备。

逐步发现和了解自己的兴趣和爱好，拥有一两个值得自己骄傲的兴趣和课余活动能力。因此在各项兴趣活动中，家长需要花心思去帮助孩子发现和开启兴趣的大门。比如在父母的帮助下开展阅读、讲故事、参与到各种活动中去。在本阶段里，我们无须苛求孩子完成什么指标、拿到比赛的什么名次，更重要的是让孩子拥有一份“我行”、“我能”和“我想试试”的美好愿望。

允许犯错，孩子才能建立高自尊

在培育自尊感的过程里，允许犯错是关键的环节。其实，孩子天生是不怕犯错的。比如，孩子打小就表现出“天不怕地不怕”的探索精神，以及“不达目标誓不罢休”的行为主动性，而这些就是目标感的雏形，所以我们不能小看孩子勇于犯错的态度。埃里克森曾经用一段非常感性的文字描述过 3~6 岁孩子的模样：“这时儿童突然似乎更感到‘是自己’了，更为可爱，更为轻松，判断也更为聪明——一句话，产生了一种新的活力。他似乎变得活跃而主动；他能自由支配剩余精力，使他很快地忘记了许多失败并能接近一些似乎合适但仍不免带有危险的新的领域，怀着永不熄灭的热情和不断增强的方向感。”

然而面对“胆大妄为”的孩子，父母可能早把自己童年的“丑事”忘得一干二净了。我们变得谨小慎微，不再接纳孩子不管不顾的探索精神，更希望孩子不要太“出格”，那样容易犯各种大小错误。由此我们可以发现父母的不信任与孩子爱好探索之间形成了强烈的冲突。

为了建立孩子行为的主动性和维护孩子良好的自尊感，我们要在可控的范围里允许孩子多犯错。尤其要允许孩子多犯生活里的小错，例如在后面讲的那个不会爬楼梯的孩子，如果他的父母能够接纳孩子踩空一步的小失误，明白孩子跌一跤仅仅是练习爬楼过程中的一个小插曲，那么这个家庭就不会耽误孩子在入学前建立行为主动性，更不会让孩子感到低人一等，这会让孩子丧失自信和自尊。

我们需要关注孩子的学习过程和做事的方式方法，而不要过度地看重结果。这也就是说，要允许孩子释放心中天然而成的行为主动性和目标感，允许孩子为自己的某个目标去探索、去尝试、去犯错；当孩子感受到这是他要做的，他就会主动为自己的意愿去做；等孩子能够主动完成分内任务后，才能进入下一个程序，也就是评估结果。这个模式的立意就是先鼓励行动感和目标感，不让成败结论阻碍孩子的探索行动。

我曾经看到过一位母亲带着 4~5 岁的儿子去别人家做客，在饭桌上孩子不小心打翻了饭碗，泼出来一些汤汁。没想到这位母亲当着主人的面突然提高嗓门呵斥起孩子来。我理解这位妈妈想立即对孩子做出一次严厉的警告，同时也想让接待自己的朋友知道自己教子有方。然而，孩子真的被妈妈吓到了，整整有好几分钟转不过神来。我还观察到，在一个陌生的环境里听到妈妈如此吓人的吼叫，这个孩子居然没有哭。因此，我猜想这个孩子对妈妈歇斯底里的呵斥已习以为常，他的自尊感已被自己掩藏得很深很深，甚至让自己觉得从未拥有过。当着陌生人的面，父母大声呵斥孩子就如同在昭告旁人，我的孩子不如别人，因此我要及时管教他，让他变得更完美。

这个愿望虽好，却表明在父母的下意识里，管教孩子是不需要考虑孩子的情绪、脸面和自尊感的。因此我非常担心在这个小朋友的成长过程中会发生两个可能：一是到了青春期，藏在孩子内心的“自尊火山”会突然爆发，到那时父母再也阻挡不了男孩的奋力反抗和最大程度的叛逆；二是小男孩越来越觉得自己无能力、无价值，做什么都无法达到父母所期望的那般完美，因此畏难情绪越来越强烈，一遇到挑战就退缩或回避。我想无论这个男孩最后是发展出叛逆的个性还是畏缩的性格，父母偏激的、不允许孩子犯错的教养方式都会给孩子的心灵带来不必要的伤害，而无形中受损最严重的应该就是孩子内心深处的那一点自尊感。

有个让我记忆深刻的例子，发生在我的一次演讲现场。当时一个外公在问答环节积极举手提问，而他的问题是他的外孙因为不会爬楼梯，必须换一所教室在一楼的学校。我好奇地问为何这个孩子不会自己爬楼梯，原来三四岁时孩子在楼梯上摔过一次，从此家里人就抱着孩子上下楼，孩子再也没有自己上下楼梯的机会了，甚至一看到楼梯就害怕。

于是这个外公着急来问我，孩子上学不能自理咋办呢？我告诉他，现在即使找到了一所学校可以让孩子一年级不爬楼，可是到了二年级、三年级时，教室不会总在一楼的，到那时怎么办？因此，我的建议是家长必须意识到孩子的成长必须由孩子来经历，既没有捷径好走，更没有小道可以绕行，家长应该陪着孩子学习爬楼，把被家长以安全为理由而剥夺掉的爬楼练习给补上。同时我还告诉这位外公，除了不会爬楼之外，孩子的家人还忽略掉了一个更为严重的问题，就是因为不允许孩子出现如摔跤等一丁点的错误，当他看到其他同龄孩子都会爬楼梯而自己不会时，就会质疑自己的能力，紧接着就会出现不自信、不如他人等情感体验，自尊感受到严重的伤害，孩子很可能会自卑孤僻，害怕交朋友，好性格更无从谈起。

从“自私”到共情，让孩子顺利融入社交活动

在 3~6 岁的发展阶段趋向结束时，大部分孩子都快要进入小学，开始人生最初的知识学习。为此，我们需要盘算一下孩子还需要哪些核心能力来顺利度过幼小衔接阶段。在独立生活方面，我们需要提前培养好孩子独立吃饭、上厕所、睡觉的行为意识和技能；在主动探索方面，我们应该接纳孩子犯错，鼓励孩子行为和表达的主动性；在情感和情绪能力方面，我们要帮助孩子建立早期的自尊感，并有意识地保护这份对未来人格发展具有极其重大影响意义的情绪能力。

以上三大方面基本关乎孩子的内在感受和自我认知，然而接下来还有一项非学科但势必会影响孩子未来在校学习的关键能力，那就是孩子的社会化能力，也就是孩子与人相处的交友能力。比如，性格软弱的孩子因为得不到同学们的认可，可能会被欺负甚至遭遇校园霸凌事件；性格强势的孩子因为不遵守规矩、不尊重他人，可能会在集体中被孤立等。因此在学前期，我们需要把培养社会交往能力、树立利他意识和遵

守集体规则看得比灌输知识更重要。

那么家长应该如何帮助孩子，从本阶段的“自私”和“自我中心”意识中往利他、利集体的方向引导呢？答案可能又会让我们大吃一惊，因为上天又赋予了孩子一个重要的生命潜能，它叫共情，用心理学术语来解释就是一个人产生了与另一个人相似的感受和情绪性反应。心理研究者是这样介绍早期共情能力的：在学前期，共情成为亲社会行为或利他行为的重要动力——这种行为给别人带来利益，但并不图回报。[①]

“亲社会”和“利他”这两个词似乎与“自尊感”一样，像是在描述成人的一种社会能力，难道孩子在3~6岁阶段真的会展现出利他和亲社会的行为吗？答案是只有当孩子具有亲社会和利他的意识后，他才能顺利地融入集体、开展社会化的活动。例如，从3岁起孩子在幼儿园或兴趣班里与其他小伙伴互动的机会增多，最初始的共情意识能让还身处“自我中心思维”阶段的孩子看见别人的喜怒哀乐。当集体里有一个孩子跌倒时，就会有其他孩子主动走过去关心跌倒的小伙伴：“你碰痛了吗？”还有孩子会模仿妈妈的模样去安慰小伙伴，甚至会拿出自己的玩具或食物来安慰小伙伴。这个围绕着跌倒的互动过程，就是孩子们在练习与人相处的重要开始。

心理学家还发现，孩子是通过游戏来学习社交的。比如一开始孩子喜欢独自一个人玩（非社交活动阶段），渐渐地开始接纳与别的孩子一起玩，但这个时候主要的游戏形式可能还是在一个环境里各玩各的（平行游戏阶段），最后发展到在同一个环境里、围绕着同一个主题一起玩

① 资料来源：劳拉·E.伯克著，陈会昌等译，《伯克毕生发展心理学：从0岁到青少年（第4版）》，中国人民大学出版社2014年版。

(合作游戏阶段)。这时，孩子们不可避免地需要交换玩具、互相评论、互相指点等。这个逐步递进的游戏模式不仅标志着孩子进入了更高级的互动合作，同时也表明在孩子的生活中开始出现人际关系所带来的矛盾和冲突了。

比如，我的小儿子小时候有一个一起游泳的小伙伴，每周他都盼望着周日快点来，自己可以见到“好朋友”，可以去游泳打水仗。可是，两人在一起不到一会儿就为了一点小事立马反目成了新“敌人”，小儿子吵着对我说“我再也不要见到他了”。孩子之间出现这样出尔反尔的表现，是因为他们对友谊的认识与成人的概念不同，他们觉得在一起玩得开心就是“好朋友”，一不开心就不是朋友了，一切朋友关系都建立在当下的“我的”感受上。因此在引导孩子学习社交的初期，父母最需要看懂因为受“自我中心思维”的局限，孩子在接纳别人时还会表现出不成熟的言行和想法，因此启发孩子通过共情来体认他人的感受变得尤为重要。

一位叫 Viva 的妈妈曾给我留言，她描述了和孩子在游玩时的遭遇。“前天在迪卡侬儿童自行车体验区，我的孩子看到一辆空车，就去扶把准备上去。这时另一个孩子噌一下就蹿上去了，坐好扶把不撒手。我的孩子说我先拿到了，那个孩子说我不下来你能怎么着？最后以我家孩子撒手痛哭，那个孩子骑走自行车为终。”可以看出这个突然“蹿上去”的孩子，在他的原生家庭里还没有接受过共情的启迪和规则的教化，他还完全停留在儿童的“自我中心思维”里，感受不到自己的行为打扰了他人。

因此，这个案例警示我们，家长不能误以为孩子小就可以不顾他人的感受，其实处于2~4岁阶段的孩子，虽然“自我中心思维”强大，但是分享意识和分享行为已处在萌芽时期，如果我们抓住这个敏感期，有意识、分阶段地帮助孩子建立起合作游戏的规则，那么对孩子社交能力的建立会有极大的正向帮助。接下来，我要介绍分阶段游戏规则的事项。

第一阶段，假想分享游戏。首先我们要来提问自己，为何一个还处在“自私”阶段的孩子愿意在游戏中分享呢？因为共情的能力出现了，当孩子能够体会他人的情绪和感受时，他就会产生意愿来分享自己的好物。所以，当孩子还处在非社交活动阶段时，我们可以先引导他与自己喜欢的玩偶玩分享游戏。例如，在没有任何大人施加压力的情况下让孩子假想式地把自己喜爱的玩具“借”给自己的玩偶“拥有”一段时间。这个过程就是在暗示孩子，你可以把自己喜欢的东西分享给你信任和喜欢的人。如果家长发现孩子已经可以娴熟地与玩偶分享交流了，下一步就可以引导孩子与爸爸妈妈和身边的亲友做游戏，逐渐进入轮流分享的游戏阶段。

第二阶段，用轮流代替分享。在各玩各的平行游戏阶段，孩子还不太习惯把自己喜欢的好物“分”给小伙伴，所以我们不能一味要求孩子主动分享，甚至责备孩子不分享就不是好孩子。我建议家长把“分享”这个词改成“轮流”，并示范给孩子看自己刚刚传递给别人的东西，很快又回到了自己的手上。如果这时孩子仍旧拒绝分享，家长不能强压，可以采取转移注意力的方式来暂缓分享，可以让孩子观察一下别的孩子如何玩“轮流”游戏，直到他安下心来愿意加入尝试。

第三阶段，在分享游戏中植入规则。到了合作游戏阶段，尤其当孩子到了 5~6 岁，他们能更好地理解他人的需要了，因此这时的引导重点要转移到建立游戏规则上去。认知发展心理学家皮亚杰指出，孩子在 5 到 10 岁时进入他律道德阶段，也就是在他人控制之下学习规则；从 10 到 11 岁起，孩子进入自律道德阶段，开始明白自己该做什么、不该做什么。由此可见，学龄前的儿童才刚刚进入他律的初期，我们不能靠讲道理、贴标签等有压力的行为来强迫孩子执行规矩。我们要让孩子理解，分享是美德，但分享不是别人必须为自己做的一件事，因此为了避免冲突，我们需要教会孩子在游戏中使用三种向他人提要求的话术。

比如，想要和小伙伴一起玩时，就可以这么说："我们一起来玩吧。我让你玩我的玩具，和你交换一下玩，可以吗？"如果别的孩子正好不喜欢自己的玩具，那么就可以提出轮流玩的建议，可以这么说："哦，你不喜欢我的玩具，不要紧。那我们是否可以轮流玩一下你的玩具呢？你先玩，我后玩。"如果发现小伙伴还是不愿意分享时，可以这么说："你不准备分享，那我们下次再一起玩吧。下次我带更好玩的玩具来。"在这样的过程中，我们教会孩子如何礼貌地提出建议，如何礼貌地退出，如何使用包含共情感受的话语去影响他人的决定，避免通过指责、强迫甚至抢夺的方式来要求他人分享。

孩子在一起玩耍，免不了会出现矛盾和互相冲撞的状况，因此我们不能忽略教孩子保护自己的方法。有一位叫朱朱的妈妈曾经留言给我，分享了她教孩子在学校自我保护的好方法："小朋友开始上幼儿园的时候，我就在家让她练习大声说拒绝的话，类似'不要推我！'。只是告诉小朋友要大声拒绝，实际发生情况的时候小孩子大多不能说出口，或者很小声，所以可以常常在家练习。今年小朋友上小学了，排队出操时后面的同学耐不住性子总是推她，小朋友就能自己去解决，很认真地跟后面同学说‘下次不要推我了，前面不走我也走不快’。”这位妈妈的厉害之处在于，她提前帮助孩子练习口头表达自己的感受，以争取他人的共情；同时孩子还能够明确提炼出不要推我的理由，这也是一种共情，她让对方明白你和我都处在同样的处境里，所以不要推我。

其实，家长陪伴孩子学习社交，就是在潜移默化地熏陶孩子的品格：我们培育孩子利他和亲社会的意识，就是在帮助孩子成为一个更容易融入集体、获得高自尊的人。从长远来看，一个懂规矩、能看见他人需要的孩子，无论在校园里还是在兴趣活动中，都更容易被伙伴和同学接受，也因此更容易发展出正向、良好的人际关系，更有能力从一个阶段性“自私”的孩子，蜕变成一个善解人意、愿意为他人和集体做贡献的人。

小节结语

3~6 岁也叫“学前期”，大部分家长在这个阶段很容易提前为幼升小焦虑，于是在家长的负面情绪与孩子内在发展之间形成了本质上的错位。为了升学，家长着急灌输知识，盯着孩子数数、认字、背唐诗；而这时的孩子，正不可阻挡地发展着“自我”的意识和对自尊感的心理需求。对孩子如此重大的内在转变，父母却知之甚少。因此，家长犹如被自己“绑架”到了另一个时空轨道上，与孩子的心理发展需求渐行渐远。

为此，我想为父母总结学前期的养育核心任务：避免过早灌输孩子学科性和知识性的内容，把更多关注点放在培养和提升孩子内在自尊感与社交共情力上。这样才能激发孩子的探索精神，才能让孩子进入小学新环境后，不感到孤单与害怕，才能快乐地融入小学的集体，接受生命新阶段带来的新挑战。

第三节　6~12 岁知识教育期：打造一生的学习成就感

在“双减”政策颁布后，许多家长开始产生了新的顾虑。比如，面对小学一、二年级不布置家庭书面作业，不考试，家长担忧自家孩子到底学得好还是不好呢？还有考试结果不排名、不公布，那孩子和别人相比学习的排名在哪里？是属于被淘汰还是名列前茅的呢？除了应对突然的制度变化，家长还要迎接孩子的成长挑战：在本阶段里孩子将迈入 6~12 岁的身心发展期，在学业上经历两次升学，一次是小学，一次是初中；同时还将迈入人生最关键的青春期早期发展阶段。从认知到心理，再到亲子关系等方方面面，作为家长，我们是否做好了准备，来迎接这段孩子人生中极不寻常的 6 年光阴岁月呢？

恐惧激励法：让孩子的成绩越变越差

大部分孩子在进入小学时都聪明伶俐，然而越往高年级走，同学之间的成绩差距也越来越大。主要原因真的是智商的高低吗？科学家发现智商（IQ）与成绩只存在中度相关，相关值一般在 0.5~0.6 之间。看来，成绩差的主要原因并不是智商不足。根据我的观察，成绩落后的孩子，家长引导孩子学习主要是靠“恐惧激励法”，他们往往内心深信惩罚的力量，却无视了依靠惩罚产生的恐惧心理，会给孩子的大脑、心理乃至学习成绩带来多么大的负面作用。

在“双减”后的第一个期末考试结束时，有一位妈妈在我的公众号上写了一条充满调侃意味的留言：“今天 14 号，孩子回学校开盲盒了。坐等时间到去接孩子。藤条跟奖励已经两手准备。”这位家长对孩子的态度也像开盲盒一样，唯一的变数就是成绩，她盘算好什么分数要抽藤条，什么分数要发奖励。

乍一听，这位妈妈好似很有一套管教法，按具体的成绩数字来决定如何“处置”表现好和表现不好的孩子；但实质上她把孩子看作流水线上的童工，把成绩当作唯一的指标，让一个本该拥有学习自主性的孩子，瞬间穿越回到百年前，变成一个流水线上的劳作者，只要工作不达标就要受惩罚。在这样的家庭环境里成长，孩子该有多么痛苦，而这份苦恰恰是父母没法感知的，因为我们远远地站到了孩子的对立面去了。我亲耳听到一位家长对孩子大喊：“你吃了我的饭，为何就不给我好好念书呢？考这么烂，就别想吃饭了！”

不可否认，我们的家庭教育把绝大部分时间花在了教孩子在成绩上如何赢过别人，如何获取更高名次。一位家长朋友告诉我，最近她和孩子一起看了几场冬奥会比赛，看着运动员为了能赢、能拿奖牌而努力，觉得他们实在太拼了。与此同时，她抱怨自己的心脏承受不了打击，原因是在观看比赛时联想到了自己的孩子。在妈妈眼里孩子不求上进，都十几岁了却还要靠妈妈催着才肯学习和写作业，一点奥运的拼搏精神都没有！我觉得这位妈妈的叙述很有代表性，于是我追问她："那你想要孩子拼搏什么呢？"妈妈的眼睛里流露出恨铁不成钢的神情，她告诉我她为孩子规划了一幅升学的蓝图，只要孩子听从安排，按着她制定的"行进路线"，咬牙一拼就能考上大学，可是她不解的是为何这么好的未来打动不了孩子的心。

我们在上一节里阐述过一个道理，拥有高自尊感的孩子才会发展出强主动性，而学习也一样，甚至更需要自尊感和主动性。如果孩子从出生长到6岁天天都是被宠溺包围着长大，哪儿经受得起一上学就被家长指点、唠叨、批评、讽刺甚至打骂的学习之苦呢？慢慢地孩子对学习的怨恨和恐惧感滋长起来，一点一点地吞噬掉了他本该拥有的对学习的兴趣和热情。更糟糕的是，家长严厉的言语和惩罚性的评判，让大部分孩子对学习产生了"怕输"的心理。因为一旦考不好，即使不受皮肉之苦，也会被父母的冷言冷语"抽打"，抬不起头来做人。所以会出现一种怪象：成绩越下滑，刷题和补习就越多，精神压力就会越大；当压力饱和时，分数反而会向着反方向呈负增长。因为一个低自尊、无存在感、被打骂怕了的孩子，怎么敢妄想自己会成为一个佼佼者，怎么会"赢"呢？当然这部分孩子绝不会像奥运健将那样去拼搏，因为他们已经选择无所作为了。

所以，当下孩子的学习之"痛"主要来自孩子怕"输"、怕被惩罚。一是怕学习不好，被学校里的同学看轻，被老师告状；二是怕成绩考不好，被家长惩罚。因此，如果想减轻孩子对学习的"痛苦"感，就要让他不怕学习；而让孩子不怕学习，就要让他对自己的能力建立起信心，相信自己能学好，哪怕学得比别人慢一点，成绩比别人差一点也不要紧，因为爸爸妈妈知道他付出了努力，是一个值得被赞美的孩子。可以看出，父母的态度对孩子自信和成就感的建设是至关重要的，当孩子发现自己比昨天做得更好会得到父母的欣赏和鼓励时，他才会产生真心想要学习的动力。

关注学习动机：让孩子成为学习的主人

阿尔弗雷德·比奈是智商测试的创始人之一，他认为智力的三大核心要素是“逻辑能力（数学）”、“语言能力（语文）”和“热情”，然而人们却往往会将最后的“热情”抛到脑后。[①] 比奈先生说得一点没错，今天的家长都以为智商就是数学、语文的学习能力，很少会想到“热情”这个因素。那么我们来探究一下比奈所说的“热情”到底代表了什么。

蒙台梭利博士在100年前就曾提出一个教育新观念：“让学习者成为创造自己的主人。”100年之后，很显然我仍能从这句话中读出“热情”二字，因为一个“创造自己的主人”必须具有学习的“热情”。然而在应试教育下，“学习者”与“学习的主人”的关系变得混乱，主宰孩子学习的是功课和考试，是老师和家长，他们联合起来试图“创造”杰出的学习者。但是学习者本人却变得被动、消极，对学习失去“热情”。每当我听到跳楼事件时，越来越相信上学的孩子其实已成为一个“高

①资料来源：[日]池谷裕二著，高宇涵译，《考试脑科学》，人民邮电出版社2019年版。

危”的弱势群体，他们没有独立的经济来源，年纪尚小，心智欠成熟；他们任凭“功课”填满生活，完全失去了一个“学习者”对学习内容应该拥有的热情。一开始他们虽然对学习的热情不足，但还能被动地被父母拉着、被老师推着学习，可是慢慢地随着年龄的增长和对学习的自信心下滑，他们走进了推不动、拉不起、骂不得的状态。所以，想让孩子不怕学习，家长一定要从孩子的成就感入手，因为它是推动孩子自主学习的内驱力。

在前两节里我们了解到，孩子的行为自主性出现在0~3岁阶段，自尊感出现在3~6岁阶段，这两项品格都为孩子打下了自主学习和发展各项生活能力的精神基石。进入6岁后，生命的潜能又让第三项重要的人格品质出现了，那就是自我成就感。研究人员发现，当我们把智商起点相差不大的孩子放在一起做跟踪观察后，某些孩子学着学着就与同龄人拉开了距离，其最重要的原因就是孩子内在的学习动力出现了变化，因此当孩子进入知识学习阶段后，他们特别需要为自己找到学习的驱动力，也就是“我为何要学这个”的问题，即学习的动机问题。那么，我们来看看孩子的学习动机是如何随着孩子的年龄变化而改变的。

首先是小学低年级阶段。这时孩子的学习动机单一而外在，完全由兴趣和爱好驱动，所以容易受环境中的各项因素的影响。我还记得我家小儿子每天目送着哥哥去上学，于是也期待着自己能像哥哥一样跨进小学的大门。有一天他终于迎来了上学的日子，此时他仍处于行为高主动性和强行动感的学龄初期，再加上低年级阶段学业压力还不大，因此特别喜欢探索新鲜事，自然乐观的天性在他身上闪闪发光，每天他都会带回家好多配上简单词语的涂鸦、手作等，我知道他已经开始在学习写字、创作和尝试表达了。

此外，他还特别在意老师和小伙伴对他的评估，每周一拿到奖状就兴高采烈地来找我，我也理解孩子这时爱“秀”的原因，那是因为他在这个年龄段自我评估能力还没形成，因此非常依赖外界对他的赞美和奖励，他可以通过这些外界的正向反馈来增强对自己的了解，认同自己是一个好的“学习者”。而这时老师也很懂孩子，每周变着法地鼓励孩子们，如这周颁发“最佳创意”奖，下周颁发“最负责的值日生”奖，等等。

总而言之，要维持好小学低龄阶段的学习动机，家长可以聚焦两大环境因素。第一，学习本身是由孩子的兴趣驱动的，而不是被压力驱动的。比如老师讲课的方式、学习的内容和做作业的形式等都必须有趣、有吸引力，而且需要适合孩子当前的认知水平，不能盲目超纲超前，这样会打击孩子的学习兴趣和学习热情。第二，学习环境里要有明确的非物质的激励机制，让孩子经常从正向反馈中对自己的表现有所认知，通过鼓励来建立自信和自我驱动力。

其次就是小学中高年级阶段。这时 10~12 岁孩子的自我意识变得越来越清晰：他们正从儿童的“自我中心思维”阶段往青春期早期的“自我中心”过渡，因此会导致外在的学习动机由强变弱，低龄阶段的有趣和赞美已经难以满足和驱动青春期孩子的学习热情了。面对家长，这些十一二岁的孩子经常表现出不服从家长意志的姿态，如果自己觉得这件事没意思，即使家长百般劝说也收效甚微。与此同时，亲子沟通也开始出现不和谐的信号，过去妈妈的叮嘱、爸爸的批评和老师的提醒在孩子看来是对自己的关心，但现在却会引起强烈不满情绪。

前几日，我刚收到一位妈妈的私信，她说：“黄老师，我认识到自已之前的教育方式有问题，觉得孩子有做得不对的地方，就会批评她让她改正，孩子小的时候被骂就会哭，她哭得越大声我就越气，教训得越厉害。后来孩子慢慢长大了，倒是不爱哭了，但不知道是怕我，还是烦我，总之是和我的关系越来越疏远，有情绪或者心事就积压在心里不说出来……”这位妈妈描述的是所有孩子都会经历的由外向内的成长变化，进入青春期的孩子最不愿意接受父母“抛出”的三大负面学习动机：物质利诱（似乎随便给个奖励孩子就能被“买通”）、言语逼迫（以为不停唠叨孩子就会“听话”）和精神绑架（相信惩罚就能让孩子“屈服”）。面对快速发展的信息化时代，这一代孩子的身心智力发展远比父辈们超前，因此奖励、唠叨、惩罚已无法解决孩子不愿学习的问题了。

在这样的时代背景下，我们再来重温蒙台梭利博士的劝告“让学习者成为创造自己的主人”时，也许会感悟出更贴近自己的现实意义了。既然奖励、唠叨和惩罚效果不大，甚至副作用大于正面推动作用，那我们为何不试试把学习者的“主人位置”分阶段地还给孩子们呢？在小学初期，我们用单一的外在兴趣和环境里的奖励要素，来推动孩子自发地产生学习动机；从小学高年级开始，家长逐渐从管控的养育模式中退出，让孩子形成主人翁姿态，感受到“我做好一件事是因为我想做、我能做好！”，这样的学习动机才符合人的天性，也就是生物学里讲的本能——人在完成一件原本自己不会做的事情后，心里会产生快乐感，还会感到无比自豪，甚至为了不断尝到这样的快乐而选择继续努力做下去。这就是激发自我成就感的奥秘：因为我做得好，所以我开心，我要做得更好，做最好的自己。这就是正向的、发自孩子内心的、强大的学习动机建立起来的心理过程。

开启反向思考：让孩子越学越主动

家庭教育重在育人，这犹如植树，必须在适当的季节播种耕耘，并以最大的耐心和信心来守护小树长成参天大树。然而，受应试教育的影响，父母容易犯两个极端错误：一是高估孩子的学习能力，不断灌输知识，逼孩子成为尖子生；二是低估孩子的潜在能力，不断要求孩子重复刷题，逼孩子长时间学习，消磨掉孩子的学习兴趣和学习热情。因此为人父母，我们心中应当有一杆秤，能够看明白应试教育的本质问题；即使我们暂时无法跳出应试的魔圈，我们还是要明确自己的立场——要全力保护孩子少受应试教育的折磨，尤其不能让应试教育吞噬掉孩子向学的热情，绝不能因应试教育迷失了家庭教育的方向。

那么该如何做才能魔高一尺（应试教育）道高一丈（家庭教育）呢？

首先，无论孩子的成绩是好还是差，我们都要选择和他站在一起，因为学习的好坏不应该影响我们对孩子的爱，只有当我们能够经营好一家人的和睦关系时，才能让孩子的心里多一点温暖和安全感，才能给孩子多一份学习的自信。然而，我经常看到这样的场景：家长在心里认为自己的孩子没有学习天赋，只是一个普通孩子，甚至是“补差生”，却强求孩子达到超出其认知和学习水平的成绩指标，只要孩子达不到，家长就会想出各种办法来补课、利诱和威逼。因此，我想建议家长放弃设定完美目标。

比如，当家长为孩子设定的目标是100分时，孩子还没开始就会选择放弃，因为从生物学本能来解析，逼孩子去做他做不到的事，反倒会让孩子有挫败感，而挫败感正是成就感的最大杀手。在一个讲座现场，一位妈妈就是这么问我的："我的孩子什么都好，就是学习不好。"我问她怎么判断学习不好。她回答我说："每次考试他只能拿98分，为什么不能拿满分呢？我一检查考卷都是粗心造成的，我怎么能让他不粗心呢？"我相信在这位妈妈眼里，无论她的孩子取得多好的成绩，她都会用一个更高的目标来要求孩子。例如数学这次考了100分，她立马会问为什么语文又丢了3分？其实，这位妈妈的完美苛求反而剥夺了孩子的学习成就感，甚而最大程度地损害了孩子的自信心。所以，设立可达到的目标是不断提升孩子自我成就感的关键。

其次，不要为了保障学习时间，而让孩子放弃一切闲暇活动。尖子生和差等生最重要的区别不是智商测试里的前两项，而是第三项"热情"，也就是每个孩子的学习自觉性和内心驱动力。发展心理学还发现，孩子可以从生活的方方面面获得自我成就感。比如，孩子在周末交到了一个好朋友，这为他带来了友谊的成就感，获得了社交性的满足；又比如，孩子与小伙伴们一起解开了一道数独难题，即使这道题与学习成绩没有直接关联，但同样会带给孩子在认知与协作方面的成就感；还有当孩子学会做生活里最平常的小事和小技能时，他也会获得意想不到的快乐，比如学会自己炒饭、自己乘地铁、帮朋友解决了一点小麻烦、为小动物做清理等。这些自我成就感都是孩子健康身心的重要组成部分，会在不经意时推动孩子为自己的学业主动发力。

举个例子，当一个即将上台做演讲的小男孩有点心神不定时，他在心里不断地问自己："我现在要上去吗？我能做好演讲吗？我好像还没有准备好呢。"这时小男孩开始回想起上一次演讲时同学们为自己鼓掌的美好感受（成就感），于是对自己说："我要上台，因为这会让同学们看见我，这会让我感到自豪和快乐。”这段内心的独白其实是小儿子的内心写照，他在一次演讲后告诉我，他每次上台演讲前都会这样与自己对话。由此我看明白了，在他心中获得朋友的认同、夸奖和支持是非常重要的自我成就感，这个美好的感受是激励他不断提高演讲能力的强大内驱力。

所以，我建议父母花点时间在孩子的闲暇活动上，这些看起来与学习没有直接关联的活动，恰恰提升了孩子的成就感，推动了学业进步。我闺密的孩子就是一个典型的案例。她的孩子学习成绩一直中不溜儿，她说只要稍不留神成绩就会掉到班级的平均分之下。后来她发现孩子有游泳天赋，于是砍掉课外补课的时间，让孩子接受游泳训练。接下来孩子在学校的游泳比赛中经常拿奖，顺利进入校队。慢慢地男孩在学校里开始有了自己的“粉丝”群体，这份自我成就感让他不甘被人嘲笑是一位“读书马虎的游泳冠军”。于是，他把从游泳项目上获得的成就感和自律迁移到了自己的学习上，并且定下了清晰的升学目标。最后，他因为游泳特长、成绩良好这些优势和自我驱动的精神，被美国名校提前录取了。

对于学习成绩落后的孩子，不要一味责备和施压，重建学习自信是最重要的。因此，我会用激励孩子反向思考的方式来帮助他突破学习的僵局。举个例子，孩子可能离及格还差 5 分，那么我们这次的目标不是 70 分，而是比上一次少丢 2 分，也就是把目标定在 57 分。也有可能孩子还有两个科目不及格，那么这一次我们设立消灭一个不及格的目标，只要达到了我们就为之欢欣鼓舞。在谈话中也要少做负面的预设，避免说“万一考不好”“万一不如别人”“考不好也不要紧”等，这些话在孩子听来都像在暗示他考不好，容易导致他的情绪陷入恶性循环中。

虽然这对力求完美的家长来说有点荒唐，但其实这是在为“落后者”

打一场心理战，用反方向的动力来拉动孩子的正向思维，这也是家长创造机会给孩子一份进步的成就感——不是抵达完美的成就感，而是超越昨天的自己的成就感，这就是用精神的力量来为孩子补充他最需要的自信的能量。

打造优势心态：让孩子找到自我发展的动力

白热化的成绩竞争还会继续，但如果我们换一种眼光看待事物，就有勇气另辟蹊径。我们需要讨论的是应该聚焦短板刷题，还是聚焦长板放大优势。

我们要认真看待用补课和刷题来提升成绩的做法。反复刷题的学习模式非常不适合小学生，因为集中消灭短板的做法恰恰会放大短板的负面作用，让尚处小学阶段的孩子变得越来越不自信，而且会早早地在心里烙下“我数学不好”“我讨厌语文”的记忆。然而对于初高中生，有的放矢地补课和刷题是需要的。因为初高中生的长板和短板已经较为明显而固定，为升学而做最后的成绩冲刺也在情理之中。

除了为孩子抓短板、补课刷题外，还有一个更优化的学习模式值得我们借鉴，那就是围绕着孩子的优势能力，放大优势。《优势教养》的作者莉·沃特斯指出：相对于努力改正缺点，努力培养其优势的孩子表现更好。我认为沃特斯的分析非常适合小学阶段，因为小学生的成就感主要来自他人和环境里的正向评价，因此聚焦优势发展就是给予孩子最大的外部激励动机，可以提升孩子主动学习的内驱力。

莉·沃特斯还发明出一个优势发展的公式：优势发展＝能力 × 努力。这里的“能力”指的是孩子先天的一些优势能力；“努力”指的是家长有意识地提供环境和时间，引导孩子不断使用优势能力。因此优势的“能力”与主观的“努力”两者相乘，结果就是孩子能在更短时间取得比其他孩子更高的成就。心理学家把这样的效应称为“相乘效应”。这个优势发展公式对我启发很大，我相信“相乘效应”的养育理念会带来非常大的成长力量。

一听到要挖掘优势能力，家长就会抱怨自家的孩子除了打游戏没有任何兴趣，所以何来优势？其实，优势发展不完全是能力的排序，更是父母能否顺从孩子内心的渴望，尊重孩子天然的直觉，帮助孩子建立起一份优势心态。这里的优势心态指的是父母对孩子的一份信心和信念，它与孩子当前的实际表现的学习水平没有直接的关系。

相信孩子必有优势，之后就该着重为某项优势能力提供一个力所能及的发展环境。比如，我和大儿子在他小学四年级时做过一些讨论，希望能挖掘出一个自我发展的优势项。他给我列了一个优势能力清单，其中包括运动、好客、对人和善、爱讲话、乐于助人、喜欢表现、有领导愿望等；弱势能力中有不擅长时间管理、容易忘事、停不下来、没有音乐天赋、不喜欢数学等。我们俩大笑着把这些项目过了一遍，最后决定把领导力当作他的优势项，因为他的所有优势能力都与他人和社群相关，而且他具有明显的利他能力倾向。为了实施这个优势项矩阵，我们开始研究校内的各项学生活动，我鼓励他去参与校内的学生会评选等。最后，他在小学毕业时拿到了学校评选出来的唯一一个学生领袖大奖。

在确定优势项并创造环境提供机会后，就要允许孩子投入时间努力。在努力这件事情上，家长如果太吝啬，设置太多的禁区，那么孩子就有可能错失发展自己最大的优势能力的机会。当孩子上小学时，他们的身体和大脑还相对敏感和开放，只要他有兴趣盯着一件事做下去，甭管有用无用，甭管未来产生的能力是什么，时间久了，努力到位了，果子自然就会熟。如果我们用大人的功利心来限制孩子的各种尝试，那么到了初高中阶段，其他特长和优势都没有，孩子真的会面临四面楚歌的局面，因为他眼前就只剩高考这一条路。

有一个孩子爱跑步，每天中午别的孩子都在午休，他就去操场上兜圈子，有心的妈妈帮他报了学校的足球班，后来孩子踢进了校队，再后来成了足球校队的小队长。这位家长告诉我，自从孩子进入校队后，他的学习成绩从来没有落下过，因为他对自己有了一份自律的要求，想必这与那位凭借游泳优势考上名校的孩子相同。回顾这个孩子从自发的跑步行为，发展到成为足球校队的灵魂人物，其中与妈妈敢于让孩子花时间练球，允许孩子为自己擅长的事情付出努力有着极大的关系。

所以，在早期发展阶段，家长要多看、多夸、多支持孩子的优势能力项，少聚焦、少批评、少打击孩子的弱势能力项。一个内心阳光而坚定的孩子，一定会用自己的强项带动弱项蓬勃发展起来的。

小节结语

我听到父母亲在问“双减”之后分数没了，成绩竞争还会继续下去吗？我的回答是当然会，但是方向改变了。从整体来看，成绩竞争将分阶段开展，小学阶段不提倡竞争，初中阶段适应竞争，高中阶段全面迎接竞争。那么对家长来说，我们接下来要为孩子争什么呢？我总结了三件事：第一，提升我们对孩子的兴趣和爱好的了解度；第二，让家庭教育跳出应试教育的束缚；第三，对孩子的优势能力有前瞻性。如果我们能够带领孩子把这三件事做好、做透、做扎实，即使孩子学业平平，我相信他也一样可以成为一个在自己擅长的领域里有所建树的人。

第四节　12~18 岁青春独立期：找到自我价值感

青春二字，谁读到了都会有怦然心动的感觉。但是，当你作为父母，站到了青春期孩子的对面，这时怦然心动的感觉就会变成无名的怒火熊熊燃起。因为家有青春期的孩子，父母就像开着一辆刹车失灵的跑车，行驶在一望无际的情绪国道上，不知道如何让车熄火，也不明白怎么才能让自己安全停靠下来。从 12 岁到 18 岁，这是亲子关系最经受考验的时期，因为孩子从身体到精神正以夸张的方式要求独立，可是家长却深陷在矛盾型养育的陷阱里，仍然把孩子当作 3 岁的宝贝，不放手、不松口、不让步。可是青春昂扬的孩子，已到了追求自我存在感和价值感的关键期，如果考大学与他的个人价值感和梦想没有关联的话，任凭家长如何苦口婆心，他都不以为意。

因此，青春期就是孩子与父母短兵相接的一个阶段，考验着家长三项能力：第一，自我角色转换，就是从一个无事不管的掌控型父母蜕变成尊重孩子独立个性的家长；第二，高度敏感的观察力，这意味着家长虽然减少了对孩子的掌控度，却需要提升对孩子情绪和情感的感知度；第三，善解人意的沟通力，当孩子封闭自己时，家长更应该包容孩子的情绪，做好情绪疏导和富于感情的沟通。这三项能力的核心要点，就是家长必须了解孩子正在经历的一场“自我同一性危机”，也就是关于青春期心理的重大变化和发展。

青春期危机，从哪里来？

进入初中阶段，孩子的情绪开始发生翻天覆地的变化，情绪变得像一座活火山，没有预警地随时爆发。对此，我们必须做好思想准备和知识储备，尤其要学习一些关于青春期孩子的心理知识，否则父母也会被逼得和孩子一样经常火冒三丈、怨天尤人，甚至行为和言语也会表现得让自己觉得不可理喻，严重的时候还会导致家庭悲剧发生。那么，为什么孩子一到这个特定的青春期，就会从顺服的宝贝变成如此难搞的大男生、大女生呢？

我们先来看一下孩子的大脑在本阶段的发育情况。在大脑结构中负责产生情绪的那个地方叫杏仁核，它长在我们前额下方靠后一点的地方；而控制情绪的叫大脑前额叶，也就是罩住杏仁核的那个像“帽檐”一样的区域。我喜欢用简单而形象的比喻来说明大脑前额叶与杏仁核之间的位置关系：伸出一只手，把它握成一个空心拳头，然后观察一下四个手指合拢起来的形状，你会发现四个手指有点前倾，这个区域大致就是大脑前额叶的位置；而在空心拳头下、靠手腕的地方就是杏仁核的位置了。

当孩子进入青春期后，杏仁核便开始迅速发育，其结果就是带动孩子的情绪上下波动，让孩子对周遭事物变得越来越敏感，形成了一层接一层的情绪“冲击波”。可这时本该“罩住”杏仁核的大脑前额叶却还没发育成熟，也就是说这一边敏感的情绪变得越来越强烈，而那一边是仍未“壮大”的大脑前额叶。于是就形成了一个局面：大脑前额叶就像纸包不住火（杏仁核），无法控制“跳跃奔腾”的杏仁核，导致孩子的情绪时常处于无法自控的状态。这就是脑科学研究为我们提供的线索，解释了为何孩子控制不住自己的情绪，或者更准确地说，孩子的情绪变得强烈，而控制能力变弱。

很多家长都知道，青春期的孩子就像把自己关进了一个“情绪的黑箱”，只让家长看到冲动、发脾气的样子，却不愿轻易透露内心的真实感受，这让家长又着急、又困惑、又痛苦。有位妈妈曾说，女儿上了高中就像“跑到了外星球”，根本接收不到她的信号，因此每天焦虑得坐立不安。我身边一位妈妈因为在外地读寄宿学校的女儿经常对父母不理不睬，一旦“失联”就要持续好几周，因此这个妈妈开始失眠，最后连上班的心都没了，直接千里迢迢跑去学校找孩子，没想到女儿对她说：“你来干什么？我什么都好，就是不想和你们说话！”这位母亲回到家就被气得生病了。

在竭尽全力“欺负”父母的背后，还有一个更棘手的心理问题正在迫近孩子，其实它才是青春期少年想要挣脱家长管束的主要原因，这就是青春期的“自我同一性危机”。这个“同一性”理论是由心理社会发展理论创始者埃里克森最先提出的，英文是 identity，指的是青少年对自我身份的认证和认同。一听到身份认证，家长可能会联想到个人身份证上的那些信息，如出生年月日等。然而，这个“同一性”所指的身份认证不是这些外显的个人信息；相反，它是关于一个青少年成长为独立自主的成人、具有自我创造力和迈向心智成熟的关键一步，也就是发展心理学家指出的“同一性的建构包括明确你是谁、你的价值和你选择的未来生活方向”。[①]

虽然“同一性”这个陌生的名词早就存在，但在中国的家长群里还是鲜为人知，或可以说从未被重视起来。因此孩子的“同一性”问题给70后、80后的父母提出了一个崭新的考验，即当你的孩子进入青春期后，你如何看待孩子的自我拷问：“我是谁？我的价值和我的选择是什么？”如果我们还抱着老派的养育观念，认为这些问题只应该出现在经典文学作品中，根本就是“小孩子不懂事”的空谈空想，那么父母就要做好思想准备，与独立意识渐强的孩子在精神上“分道扬镳”，在感情上渐行渐远，甚至要做很长一段时间的家庭“陌生人”。

我曾遇到一位性格直接的父亲，他跟我说：“在孩子还需要拿我的钱付学费之前，他来问这些不食人间烟火的哲学命题，就是欠揍！”这位父亲态度强硬，话语中的潜台词就是，我们已经为你准备好了一切，在你考上大学以前，你有什么资本来问我这些无聊透顶的问题呢？我从这位父亲的话语中看出了大部分家长的真实心态：父母辛苦工作赚钱供你上学，不是让你来跟我谈人生、找麻烦、浪费时间的，我们得先把自己的孩子管好了日子才过得下去啊。

有这样想法的父母又掉进了一个矛盾型养育的陷阱：一方面，家长“唯物”，要求孩子考上大学，最好是名校，还要报一个以后能赚钱的专业，这样几年后能找一份高薪的工作，买得起房，还得起贷，等等；另

① 资料来源：[美]劳拉·E. 伯克著，陈会昌等译，《伯克毕生发展心理学：从0岁到青少年（第4版）》，中国人民大学出版社2014年版。

一方面，青春期的孩子却是“唯心”的，他们一心想的是要找到自己的“同一性”，想向自己和同伴证明“我是谁、我的价值和我的选择是什么”，这样孩子才能获得自尊感、成就感和价值感，而正是这些“唯心”的因素集合在一起，才能推动青春期孩子向往长大、向往迈入成人世界，其中包括为升学而努力备考。

不幸的是大部分家长犯下了“傲慢的错误”，就像这位骂孩子“欠揍”的爸爸一样，潜意识里都认为只有考上大学孩子才配讨论“做什么样的人”的问题。这样的傲慢和轻视当然会引爆亲子冲突、点燃家庭矛盾的导火线，因为孩子已经不是昔日的小绵羊了，他们已进入可以直接向家长叫板的青春年华了。

在河南的一场讲座上，有一位父亲告诉我他要阻止女儿学音乐，因为音乐没法养活自己。女儿当然不服，奋起反抗，开始与父母打起一场冷战——停止上学。可是高考在即，家长突然发现强压之下，赢的那方未必就是自己，因为女儿根本不在乎上不上大学这回事。就在这样的“危急”时刻，父亲却依旧看不清问题的本质，坚持认为“学音乐以后养不活自己”，这让孩子认为父亲是在否定她的爱好、追求和价值感。

那么，为何这位父亲不能从孩子的角度来思考问题呢？这是因为我们习惯了家长制的教养观，而且对青春期孩子身处的“自我同一性危机”毫不知晓。一方面，延用针对年龄小的孩子的说教方法，希望可以用唠叨来晓之以理；另一方面，当发现搞不定孩子时，又开始施压，以为孩子会服管。可是让人始料不及的是，女孩开始消极抵抗了。这个案例告诉我们，青春期孩子是顽强不屈的，当意愿被拒绝时会引发他们各种“不合作”，其中有一大部分孩子甚至用“自我放弃”来对抗“强权”，进入被发展心理学称为“自我同一性扩散”的心理状态，让家长干着急却使不上劲。因此作为家长，我们非常需要提前了解什么是“自我同一性危机”，因为这是每个青春期孩子都将经历的心理发展进程。这样才能看明白孩子到底在寻找什么，找不到会有什么后果。

接纳“自我同一性”探索，让孩子身心有归处

西方发展心理学家对青春期有个三段式划分[①]：

青少年早期：11 至 14 岁，这是一个身心迅速发育的时期。

青少年中期：14 至 16 岁，身体发育几乎完成。

青少年晚期：16 至 18 岁，年轻人有了成人的体格，并渴望承担成人的角色。

在这三个阶段中，孩子都会经历哪些变化呢？

青少年早期，也是孩子进入小学高年级到初中阶段，这时孩子心理上出现了对自己与他人关系的两种想象状态：一是我们之前提到的“假想观众”心理，认为自己是别人眼里的焦点，所以会无限放大自我的感受，会觉得自己丑、好胖，整天照镜子灭痘，等等；二是夸大自己的重要性，觉得自己突然拥有无限的能量，是一个无所不能的人，因此会做出各种让家长觉得匪夷所思的冒险行为，比如会坚持要在深夜出门找同学玩，在家庭旅行途中突然失踪，自己另辟蹊径去探险，等等，这样的

① 资料来源：[美] 劳拉 · E. 伯克著，陈会昌等译，《伯克毕生发展心理学：从 0 岁到青少年（第 4 版）》，中国人民大学出版社 2014 年版。

心理活动被心理学称作青少年的“个人神话”现象，这也标志着青春期自我意识的不断加强。

接下来孩子进入 14 至 16 岁初高中阶段，也就是青少年中期。从身体的发育状况看，青少年的体魄已接近成人；从亲子关系层面来看，家长已经能清晰地感受到孩子“咄咄逼人”的气势，他们常常对家长的意志提出反对声音，导致家长不时怒吼：“我是你爹，你怎么可以如此猖狂！”其实，这是青少年群体与成人世界之间产生的自然差异，也可以被称为不可避免的“代沟”现象。

最后来到了青少年晚期，也是孩子迈入成人阶段的最关键的年龄段，16 至 18 岁。这时的孩子渴望承担成人的角色，因为他们想要挣脱家庭和父母的管束，同时也想向世界证明，自己有能力进入社会，成为一个自食其力的、有用的人。我的小儿子正处于这个阶段，我每个周末与他畅聊时最常听到他说的话就是：“我要改变这个世界，我要让我的学校看到不改变不行了，我不会走爸爸的老路，我们是新一代的思路……”

通过了解孩子所经历的三段式自我探索后，我们必须得出一个明智的结论：从 16 岁开始，父母的养育角色要从养育者和教育者，转变成支持者和理解者；我们需要退居幕后，让孩子走到台前，让他们勇敢地去实现自己的人生梦想，即使这个梦想是阶段性的，或注定要失败的，我们也要支持他们去实现自己的梦想。研究者认为，一旦青少年达成了/找到了自己的目标，他们谈论目标时都会显得坚定、自信和有条理；而且还能从这样的成熟心态中，延伸发展出一系列的核心学习能力，来帮助自己做好时间管理，形成自主学习的内驱力。这就是社会发展心理学提到的青少年“自我认同感达成”的重要性。

然而，当父母习惯用掌控式、保护式或圈养式的方法养孩子后是很难一下子让自己的大脑来一个“急转弯”的。所以，我想通过讨论孩子“同一性达成”所引起的四种心理状态①，引导家长反思一个比“养大孩子”本身更深层的问题：无论出于掌控还是保护的目的，家长“霸着”孩子的舞台迟迟不退位，会对孩子的心理和精神乃至一生的发展产生什么样的正、反面影响。

我们先以父亲坚决反对女儿学音乐为案例，讨论“同一性扩散”（Identity Diffusion）的状态 。其实，“扩散”在这里指的是有些孩子因为没有找到明确的人生方向，于是选择“自我放弃目标”。这部分孩子在现实生活中表现得不积极探索，对不同的观点也不愿展开讨论和思考，可能认为这样太冒险、太困难了，或太挑战自己，他们放弃选择目标的状态与当下常被提到的“躺平”相似。简单举例，当一个十五六岁的孩子被问到：“如果你看到在校园里有同学欺负别人时，你会制止或立即报告老师吗？”这个孩子会说：“哦，这事好像与我无关，让别人去解决吧。”这样的孩子会选择游离在现实生活之外，不希望参与集体活动，慢慢地变得与世无争；进入成人社会后，也不会发展出自己的追求和抱负，没有学习一技之长和优化自我的动力，因此他们是最有可能“啃老”“啃社会”的人。那么，让我们想象一下，那个一心想学音乐的女孩，如果父亲一味反对她把音乐当作阶段性人生目标的话，她是否也

① 研究者采用了心理学家詹姆斯·马西亚（1980）设计的临床访谈方法或简要的量表测量，依据埃里克森理论中探索和诉诸行动两个主要指标，对同一性发展过程进行了评价，把同一性划分为四种状态。资料来源：[美]劳拉·E. 伯克著，陈会昌等译，《伯克毕生发展心理学：从0岁到青少年（第4版）》，中国人民大学出版社2014年版。

会选择待在“同一性扩散”的状态里自我放逐呢？

如果父亲能改变自己的观念，与女孩达成意见统一，至少阶段性地支持女孩学音乐，那么达成了学音乐目标的女儿会有什么心理变化呢？她会进入“同一性达成”的成熟状态，被心理学统称为“同一性获得”(Identity Achievement)。这是青春期孩子达成了自我目标后展现出来的良好心理状态：既然目标明确了，我就为实现自己的目标努力吧！因此，我在讲座现场为这位父亲提出了这样的建议：回家后先好好地感受一下女儿对音乐的喜爱，并告知她父亲会支持她学习音乐的大目标。这样做的最大作用就是把孩子从“同一性扩散”的负面心理状态里拉出来，引导她走入“同一性获得”的阶段。

比如，家人和女儿可以一起了解学习音乐的各种职业前景，探讨一下孩子是否愿意成为音乐老师，这样就可以把女儿对音乐的喜爱与未来的职业前景结合起来，看看女儿是否愿意考师范大学音乐系等。如果女儿对音乐教育有兴趣，那么这就是引导她把音乐爱好与备考大学结合起来，融合父女双方观点的一个突破口。

同时我也在使用关联法，帮助这位父亲看到女儿的音乐理想背后其实存在着现实可操作性，因此他不需要把音乐与高考、音乐与人生对立起来，把孩子的音乐目标与“无法养活自己”简单地画上等号，这就等于全盘否定孩子的“同一性”价值感。只要这位父亲换个角度看问题，就可以避免把自己和女儿都带到死胡同里去的危险，既避免了一场家庭危机，又阻止了一场青春期大战。

除了“同一性扩散”和“同一性获得”之外，还有两个“同一性”未达成的危机状态。父母需要尽快地自我调整和自我改变，才能抓住机会带领孩子进入“同一性获得”的阶段，帮助孩子找到自己的发展目标。

“同一性延缓”（Identity Moratorium），就是“延迟或原地踏步”的意思，主要指青春期晚期，孩子暂时还没找到自己的目标，比如不知道自己想做什么、爱做什么，什么是自己的特长，等等。心理研究认为，进入“同一性延缓”状态是正常的，这说明孩子还处在探索自我的过程中，还在与自我对话、寻找“我是谁”的答案。但家长和学校这时需要承担起为孩子拓展人生方向的角色任务，比如，在高中阶段特别要关注和鼓励孩子多做社会实践，拓展家庭生活的内容，创造机会让孩子遇到更多可以影响他们思想的人、事、物，努力支持和加快孩子向“同一性获得”的阶段发展。

还有一部分孩子与“同一性延缓”相反，他们完全听从父母为自己做主，早早放弃了为自己设计目标的可能，心理学把这样的状态称为“同一性早闭”（Identity Foreclosure）。比如，我遇到一些高中生，问他们今年暑假为自己做了什么计划，准备考哪些大学，为什么会为自己做这样的选择时，一些个子都超过自己父母的大男孩对我说：“问我妈，反正都听她的就对了！”这个群体在中国当下为数不小，他们都将成长为妈宝男和乖乖女，让爸爸妈妈为自己搞定现在和未来的一切。

从以上四种“同一性达成”状态来看，每一位青春期的初高中生都将经历“同一性”发展的考验，只是由于自身的情况和所处的家庭以及社会环境不同，每个孩子最后会发展出不同的人生态度、进取精神和视野格局。因此父母的觉醒和改变，才是护航孩子渡过“自我同一性危机”的最大力量。

不做决斗者，让孩子有尊严地活在我们身边

由此我们看明白了一个道理，青春的张力是无限的，即使我们阻碍了孩子达成他们的目标和愿望，他们也还是可以用那么多消极的办法来抗衡我们的“强权”意志。所以，家长不能简单地用孩子到了青春期就叛逆的说法，简单地打发他们发自内心的真实需求，更不能被大众媒体带节奏，轻信“当青春期遇到更年期”的煽情操作，因为这样的提法不仅夸大了更年期母亲的负面作用，还减弱了青春期孩子从自由意志中生发出来的反抗意识，最后误导父母忽略青春少年对精神、意志和理想的最本质的追求，抹杀我们与孩子之间最实质的信念冲突和价值观的冲突。所以，当更年期疲惫不堪的父母，遇上了青春期情绪昂扬或精神萎靡的少年时，我们需要成为支持者和理解者；无论孩子们选择走哪条路，我们都要成为他们的同行者，因为只有先同行了，才能在同行的路上影响他们。

然而，让青春期孩子接纳我们作为他们的同行者，是需要生活大智慧的：在发生亲子冲突时，学会做一个冷战的“破冰者”；面对落后的孩子想激励他时，学会从孩子的不完美中看见优势；当孩子陷入迷茫，想为孩子找到学习目标时，学会聊未来。

经过与大儿子斗智斗勇的20年岁月，我总结出为人父母的第一大智慧，就是不做“决斗者”，要做“破冰者”。一家人生活在一起，总会有起冲突的时候。许多父母会把夫妻之间的斗气习性搬到与孩子的相处中，以为我够硬、我够强、我够冷、我够坚定就可以完胜孩子的脾气和倔强。

我听过这样一位爱决斗的妈妈的真实故事。她在一次采访中说，青春期的儿子为了气她，一看到天下雨就有意不穿外套、不打伞地冲进大雨中，让她看得心疼不已。有一天又下雨了，妈妈站在大门口伸开双臂拦住儿子大喊道："你今天不穿外套就不准出门！"没想到孩子走过去，用有力的臂膀拨开了母亲的手臂，冷漠地走了出去。这位妈妈顿时傻了眼，原以为孩子会与自己大吵大闹一场，结果孩子连讲理的机会都没给，直接无视妈妈的存在。

受伤的妈妈开始翻阅各种养育书籍，在众多的科学道理中，她读到了一条非常接地气的建议，透露青春期的孩子就是心气高、个性火暴，但他们的胃却忘不掉妈妈烹煮的美味，遇到孩子与父母大闹冷战时，"破冰"的最好办法就是让孩子想起妈妈做的美食。于是，这位焦虑的妈妈真的按下了情绪暂停键，去熬了一锅汤等孩子回家。第一天，孩子回来了，妈妈说："儿子，外边冷，你喝口热汤。"结果儿子冷淡地说："我不饿，不吃了。"于是妈妈把汤留在了桌子上。第二天，妈妈重复了同样的话，孩子没回话但也没走开，不过还是没喝妈妈重新熬好的一锅汤。第三天，妈妈说完同样的话后，孩子竟然坐下来乖乖地把汤喝掉了。后来这位母亲回忆说，食物是与孩子"斗争"过程中最好用的"破冰"武器，虽然自己控制不住脾气会对孩子吼叫，但是妈妈用爱心做出的食物，是可以扑灭一场亲子纷争的大火的，而且熬了三天热汤的妈妈也开始认识到，原来孩子不是不愿理睬自己，只是不愿理睬那位过于强势的妈妈罢了。

通过这个破冰实验，我们可以感悟出一个道理：斗不过孩子的永远是想"以强胜弱"的父母。所以，我们要尽早放弃"决斗者"的姿态，凡事先不着急论对错，先想方设法控制好双方的情绪，尽量避免与青春期少年进入“热战”。同时也不能让“冷战”延续，我们要从孩子的喜好与特点中找到“破冰”的契机，一旦“破冰”成功，解决问题的机会就会到来，因为那时孩子从一个“准大人”又回归到了他真实的大孩子心理，会告诉你自己饿了、累了、怕了等。随着身体感受大门的打开，他们的心扉也会渐渐地向我们打开，让我们看到隐藏在海平面下的冰山，这座冰山才是我们需要帮助孩子化解的问题所在。因此，用一颗最朴素的心对待一个最朴实的大孩子，用我们的右脑来连接孩子的右脑，就能开启对话与协作的机会。

用优势视角看待“弱点”，点亮孩子心中的未来

如果我们想要融化孩子内心的“冰山”，让我们看见他们心里真实的需要，我们就要启动为人父母的第二大智慧，即在不完美中寻找优势。自尊作为一种情绪能力出现在孩子 4 岁前后，它带给孩子一种敢于主动探索、发现新事物的内在驱动力。心理学家的研究还显示，6~7 岁时儿童会在四个方面对自己形成评价：学习能力、社交能力（包括与同伴以及父母的关系）、运动能力和身体外貌①。而且在成长过程中，孩子们会不知不觉地把这四项能力整合成自己心里的一份自尊感。

然而，从以上四个自我评估类别来看，中国家长最在乎的是学习能

① 资料来源：[美] 劳拉 · E. 伯克著，陈会昌等译，《伯克毕生发展心理学：从 0 岁到青少年（第 4 版）》，中国人民大学出版社 2014 年版。

力，一旦孩子学习不拔尖，家长就会对他做出低评估，慢慢地孩子自然对自己的能力评估也会趋低，于是在父母面前就会越来越感到没有自尊和价值感。同时研究还发现，家长对孩子的能力评估往往会与孩子对自己的评估存在巨大差别。当家长盯着学业和成绩看时，学校里的孩子们却把相貌和体育看作优势项来赞美。我曾在一个初高中学生圈里做过一个小调查，分别问男女生他们眼里“厉害”的同学是什么样的，男孩都说喜欢善解人意的漂亮女孩，女孩都说喜欢体育好的高个子男孩，其中就是没有提到过成绩的好坏。

因此，当青春期孩子关注自身的长相、自己在别人眼里的存在感时，家长需要放下居高临下的苛求态度，改变只求成绩好的固有老观念，可以选择多看、多夸、多支持学习成绩之外的优势能力项。因为只要孩子内心强大起来，良好的自我价值感就会把孩子从“同一性扩散”的状态里解救出来，瞄准自己的优势找到自己努力想达成的那个目标。

我朋友的女儿长得可爱动人、口齿伶俐，从小就是一个爱表达的小精灵，但是上学之后学习一直不那么拔尖。这让高知的父母开始担心起孩子的前途。就在小学四年级时，妈妈看出了女儿爱表演的优势能力，于是送她去学习演讲和报幕。结果女孩的优势在小学高年级阶段开始显现出来，在学校的集体活动中都有女孩的身影，她不是报幕员就是朗诵者；到了初高中时，女孩的自我能动性一发不可收拾，她在学校合唱团里担任领唱，在辩论队里领头发言致辞，在毕业典礼上作为学生代表做毕业演讲。我还经常看到这位妈妈“不耻下问”地向女儿讨教她在演讲中阐述过的各种案例等。

有一次女孩走到我面前说：“Jane 阿姨，我知道您以前学习过国际关系专业，我想当外交家，我想考您上过的学校……”望着这对像极了姐妹的母女，我被深深感动了。其实世上所谓的“学霸”是少数，所有孩子都有自己独特的价值，只是父母亲没看见他们身上的闪光点，反而用一双沉重的手把孩子从优秀拉向平庸。所以，除了用平常心来接纳不完美的青少年，我们还要用优势视角来挖掘孩子内心的价值感，提升他们在人群中的存在感。

当孩子拥有了良好的存在感和价值感后，就需要采用为人父母的第三大智慧了，那就是与孩子一起形成对未来人生的憧憬，其中包括升学、专业、职业甚至事业的讨论，引导孩子为即将进入的成人社会做好认知和心理的准备。

憧憬人生对许多青春期的孩子来说是痛苦而迷茫的，这就是“自我同一性危机”所描述的状态。由于青春期孩子特别爱与自己较劲，做什么事都会问“为什么”，而这个“为什么”与一般随口问的问题不同，它涉及的恰恰是自我动机和自我驱动的本质问题。心理学研究发现，学习动机分两个部分：一是自尊，二是自我实现。高中生之间经常会聊起以后的人生计划，有的说“我要做一个电脑编程员”“我要成为一个能讲英文、可以带团环游世界的导游”，有的说“我要成为一个网络小说家”“我要成为最好的网络主播”，还有的说“我的梦想是开公司做生意，成为成功的企业家”，等等。

这些都可以是青春期孩子的梦想，但仔细分析会发现它们都包含了三个可能：一是在抒发自己对未来的畅想，但还没有付诸行动；二是已经定下了志向，也开始做了一些准备；三是纯粹作为聊天的话题，讲过就忘了。面对这样三种孩子所处的三种状态，我们该如何循循诱导、帮助他们找到理想的同时，建立起学习动机呢？针对这三种孩子，我分别给出了三种建议。

首先，当孩子在闲聊时不经意地抛出一些对未来的想法，比如想成为一名国际英语导游，这时你可能觉得孩子英语成绩不好，怎么可能当得了英语导游，于是开始说一些冷嘲热讽的话。说者没往心里去，但是听者却备受打击，直接影响了孩子对自己未来的信心。由于青春期孩子最在乎的就是获得父母和周围人对自己的尊重和理解，因此孩子的“同一性达成”会遇到障碍。

所以，即使孩子离梦想还有很大一段距离，我们照样可以一边快乐地接纳孩子的梦想，一边鼓励他为实现梦想而努力学习英语，这就避免了父母最容易犯的错，即带着羞辱意味地对孩子说：“扔掉你的‘空想’，回到‘现实’，就你这样的英语水平能当英语导游周游世界吗？”这里我有一个正面的案例分享给大家。一个初二的女孩爱上了表演，妈妈带她去见了一位老师，老师推荐了一个暑期特训班。等女孩拿到特训班的资料后却发现，考特训班是需要先通过英文面试的。显然女孩的英语水平不够，她在面试中落选了。然而，就在一扇无心的门关上时，一扇有心的窗却打开了，女孩从此开始苦练英文口语，并发誓明年一定要通过英语面试，好考上自己想加入的表演特训班。你看，女孩把自己对表演的兴趣变成了学英语的新动力，这之间需要父母做的根本不多，仅仅是一份言语上的尊重，对孩子“空想”的一份支持，以及把孩子的“空想”变成行动的智慧。

其次，面对已定下志向的孩子，我们应该着手帮助他规划行动，把行动变成一个个关联的任务，按步骤、分阶段地来执行；同时，更重要的是让孩子看明白为了实现自己的理想，需要在当前的学科上拿下什么样的成绩、做出什么样的课外努力，这其实就是在帮助孩子从“同一性扩散”状态走向“同一性获得”状态。我身边有个女孩，她的志愿就是要考上一个远离父母的大学，而且要边学心理学，边学音乐剧歌唱。她在心里已经暗暗地把学校都选好了，可是她非常担心父母不接受她的升学目标和规划。没想到对于孩子远离家庭的要求，女孩子的父母表现出极大的包容，同时也非常支持女儿学音乐剧的理想。他们一家开了一个家庭会议，决定好好利用暑期的时间，让女孩边准备升学考，边找老师学歌唱，把每一天的时间都安排到以小时计算。

很快高中的最后一个暑假过去了，孩子心满意足地回到校园，她不但没觉得累，反而更加努力地学习，并主动安排好升学需要做的每一个事项和步骤，最后她成功考入心仪的大学，开启了双专业的四年学习。这个案例告诉我们，当孩子的志向与当下的学习目标产生关联后，孩子内心的决定就会变得坚定而清晰，行动也会变得高效而自律，这比家长和老师喊一百遍道理、定一千遍目标要管用得多。因此，面对青春期的梦想，家长的智慧就是与孩子的选择同行，成为孩子的伙伴之后才能有机会表达伙伴的意见和建议。

最后，面对孩子泛泛而谈的话题，我们必须告诫自己绝不能摆出轻视和忽略的态度，因为这些不经意的话题中可能隐藏着孩子对“自我同一性”的自然探索。现在看起来孩子还不怎么用心，但是很可能在不久的将来，这个一闪之念转化成一股重要的学习动力。有个男孩进入高中后一直颓废不振，没有动力学习。有一天他在网上看到了一部变扑克牌魔术的纪录片，于是在吃晚饭时对父母说了一句“我以后也想当魔术师”。没想到这句话拨动了妈妈的心弦，因为她已经很久没听儿子说起“我以后想做……”的话了，于是妈妈立即提议为孩子找一个魔术老师来体验一下。就这样这个孩子开始了自己也未曾预料到的兴趣之旅，他不仅爱上了用扑克牌变魔术，还在校园里成立了一个扑克牌魔术俱乐部。因为有同学们的加入，创意从变魔术发展到拍变魔术的短视频，影响力从校园传播到了网上。渐渐地孩子的活力回来了，他找到了自己的兴趣目标，在同学中建立起自己的存在感。当然，高自尊感又让他回过头来想把学习搞好，最后功夫不负有心人，他成功升入大学，而且还把魔术俱乐部带到了大学校园，继续展示自己的领导力和创新力。

从以上三组孩子的案例可以看出，与青春期孩子和睦相处的关键，不是家长一味地严控、严管和严打；而是要让孩子知道，家长与他们的选择是站在一起的，只有一家人和睦共处才能携手共赢。所以，做好危急时刻的“破冰者”，多用优势视角看待孩子的“弱点”，可能正是这个不起眼的“弱点”会点亮孩子的内心，成就孩子的未来。

小节结语

孩子进入青春期后，家庭的氛围自然就会发生变化。孩子在拼命地寻找归属感和自我价值感，家长却在拼命地寻思为何孩子如此叛逆，这么不近人情。我们渐渐发现，靠父母意志驱动的家庭教养模式变得越来越低效，越来越不能有效地指导孩子。其实，无论孩子是普通生、培优生还是补差生，我们都应该以优势心态来帮助他们找到自己的优势能力。因此家长要转换角色，从孩子的管教者转变成与孩子同行的朋友，真心体会孩子正在经历的“自我同一性危机”，允许孩子探索自我，为孩子的“异想天开”做好后勤工作，比如陪聊理想、陪做规划、陪伴同行接受挑战。最重要的是，让孩子有尊严地活在父母身边，这是青春期孩子渡过各种成长危机的最大保证。

第03章

时间的考验

见证孩子自然改变和成长

在两个孩子成长的道路上，我遇到过各种各样的考验：关于情绪的，关于学习的，关于交友的……回到当时，面对孩子的各种问题的时候，我难免会感到心焦，但多年养育经验和全球视野的学习让我拥有了时间的格局，帮我克服了担心急躁，能够从容地认识孩子的真实状态，并且从长远的角度去陪伴解决。事后来看每一次挑战，反而都是孩子成长的重大契机，每经过一次考验，孩子的心智都有重大的提升。也许，各种弯弯绕绕，甚至暂时的后退，只要家长能从时间格局的视角去看，去处理，都是帮助孩子获得美好人格的机会。

在这一章里，我就具体来讲讲如何从时间格局的角度关注情绪、学习、交友等方面，帮助孩子形成良好的情绪力、学习力和社交力。如果没有在恰当的时间里关注这些，到了青春期就可能遭遇孩子问题的全方位爆发，可能就很难解决了。

第一节　情绪的考验：好好的孩子怎么就抑郁了？

情绪失控的孩子，情感枯竭的家庭

情绪这关过不去，孩子的成长路上就布满地雷。今年我一位密友的儿子刚上大学，有一天我去她家里，她收拾东西时翻出了一张儿子的小学毕业照。我们一起看他当时的稚嫩模样，忽然她指着旁边一个女孩儿说："她已经不在了，在那个暑假她跳楼了。"我很震惊，照片上的小女孩，明明笑得那么阳光，但再仔细看她的眼神，的确有一丝不太明显的忧郁。我的心像一下子被糊住了一大块黑泥巴，很久都不能顺畅呼吸。密友的儿子考上了北京一所很小但分数线很高的学校，我们都知道这个录取来之不易。她说儿子初中时就会突然脾气发作摔车门，高三时经常觉得身体不舒服，偷偷上网搜自己是不是得了大病，也把她折磨得焦虑不堪。虽然在迎来彩虹前经历了种种青春期的狂风骤雨，但跟照片上这个已经逝去、再也没有机会重来的小姑娘比，这已经算是非常美好的结局。

家长不能假设情绪危机都是别人家孩子遇到的问题，每个孩子都会遭遇情绪的困扰，这是孩子身心发育过程中必经的挑战。很多家长都会习惯性地把关注点放在孩子冲刺大学这条赛道上，却很难留意到孩子情绪能力的发展，直到出现问题影响生活和学习时才开始关注，甚至像有的新闻里报道的，一个中学生跳楼了，父母却一点迹象都没有发觉，还在说自己的孩子阳光乐观、孝顺父母。可见父母与孩子的内心世界离得太远，对一个家庭来说，是一件多么危险的事。抑郁和心理疾病所导致的自杀是父母养育过程中的重大风险，远远比孩子考不上大学更严峻、更残酷。

有很多事情都会影响孩子一时的情绪，比如成绩不理想，或与朋友发生了冲突，只要家长及时发现并引导得当，孩子就会从中一步步学会如何化解自己的情绪，这也是孩子获得良好生活心态的重要成长过程。但如果孩子出现了某种持续的情绪问题，比如情绪低落，或者形成了某种反复出现的不良情绪模式，比如过分暴躁，甚至有了抑郁、强迫等倾向，就不再是对某一件生活事件产生的反应了，不能再当成一时的情绪波动来对待，也不应该简单地解读为孩子的性格有问题，而是要认识到，孩子的内心已经形成了一种症结，甚至已经形成了恶劣心境，遇到了情绪危机。

这是最需要家长重视孩子内心，并反思自己对待孩子的方式的关键时刻。孩子的心理问题是一种自救机制，借此向家长发出求救信号，如果没能在一开始重视孩子的内心状态，这是给了家长第二次机会去弥补，如果再被忽略，很可能下一步就是更极端的结果。就像鱼得病主要是因为水质出了问题，孩子内心的症结，不管表面的触发事件是什么，最终都来自跟父母长期的不良互动积压起来的过量负面情绪，以及孩子在这些互动里感受到的情感缺失。

我在厦门遇到过一位妈妈，她非常迷茫地告诉我："黄老师，我的女儿没救了。她才 12 岁就抽烟喝酒、老逃学，而且还交了一个在社会上的男朋友，经常不回家。"我问："你女儿和她爸爸的关系如何？"这位妈妈一脸惊讶："黄老师怎么知道他们的关系不好？爸爸很严厉，不听话就骂她，尤其现在交了男朋友，还威胁要把她赶出家门。"我问这个妈妈自己怎么想，她说："我又着急又无奈，我又不能拴着她。我也改变不了她爸爸。而且不瞒您说，我真特别害怕她怀孕！但我只要一管她她就歇斯底里，不管她她就几乎不回家。"

她的妈妈只看到自己女儿行为的严重偏差，却没发现这名刚进入青春期的女孩，在每天抽烟喝酒、陪男友的不羁面具之下，藏着多么大的痛苦情绪。我告诉这个妈妈，孩子在那么小的年纪交社会上的男朋友，很可能就是在找心灵的避风港。她无法在父亲那里得到需要的理解和爱护，内心肯定是很孤独的，总是被训斥责骂也会积压很多愤怒，她表面的反叛其实是在宣泄这些对她来说过于沉重但又不会处理的负面情绪。

情绪失控的孩子背后，都有一个情感枯竭的家庭。从妈妈的描述里可以知道爸爸吝于表达感情，却会过分要求孩子，孩子心里没有温暖的父爱打底，是很难接受严厉的管教的。如果孩子感受到了你的爱，你严厉点她也能理解你是为了她好，也不至于出现心理问题；但如果你平时就是严肃冰冷，对孩子不理不睬的，再加上不分青红皂白地责骂孩子，那就是双重的精神虐待，对孩子来说就仿佛是情感地狱了。妈妈也不知道怎么去跟爸爸沟通，不懂怎么爱孩子，女儿无法从家庭里得到情感，必然要去外面寻找，然而一个 12 岁的女孩子想要出去寻找一份父爱的温暖，可以想象是一场多么危机四伏的情感出走。

如果不进行正确干预，事情的发展不会到此为止。我对这个妈妈说："孩子这种状态再也不能忽视了，现在孩子年龄还小，只能逃出家庭；但是等她稍微再大一点，有力量敢正面反抗了，就不止这样了，说不定带男朋友回家打爸爸一顿都有可能。"

12 岁的女孩正在进入青春期早期，这时与父亲由来已久的情感冲突开始显现出来，因为她内在的力量开始冒头了。这种父女情感冲突的深层原因，发生在更早的儿童期，也就是在孩子 6 岁前，心理学中把这个称为情感发育没有完成。在第 02 章里，我梳理了孩子的人格发展轨迹和父母在每个阶段最该做的事：从 0~3 岁用信任哺育出自主感，到 3~6 岁用允许哺育出自尊感，到 6~12 岁用放手激发出孩子自己的成就感，最后来到青春期，用尊重帮孩子最终形成自我价值感。这个人格发展的线索，同时也是亲子情感发展的过程。如果我们把这四个年龄阶段的发展内容比喻成一个四层的金字塔，那么处于最下面的两层就是情感哺育的关键期，也是孩子情绪健康的基础。

这个发展规律告诉我们一个极其重要的科学养育理念，情感是生命滋长的起点，健康的心态是从情感的土壤里长出来的。如果在生命的早期孩子没有发展出与父母之间的信任关系（0~3 岁），在家庭中没有获得应有的自尊感（3~6 岁），那么她的早期情感发育一定有重大的问题，之后的情绪问题也可能会非常严重。

在我的身边还发生过这么一件听上去有点神奇的事。一个即将高中毕业的男孩得了抑郁症，已经在家里休学了一段时间，当时他与单亲母亲的关系已经冷漠到无日常的言语交流了。在新冠疫情发生前的那个寒假，他决定跟随女友一起去澳大利亚探访女友的家人。没想到在寒假中疫情暴发了，两个孩子被滞留在了海外。可是就是在这一年中，男孩的抑郁症状越来越轻，慢慢地他从低落的情绪中走了出来，奇迹般地自愈了。因此，他决定留在澳大利亚不再回到母亲的身边，他希望在那里考专科学校，攻读与心理学相关的专业。我了解到那个女孩的原生家庭很普通，没有什么深厚的文化底蕴，也没有值得炫耀的财富，他们一家祖孙三代住在一起，长辈每天乐呵呵地给大家做饭，爸爸妈妈上完晚班回家后也和两个孩子在一起聊天，女孩还有兄弟姐妹，显然男孩在女友的大家庭里重新获得了这个年纪特别需要的真情实感，这份情感的滋养来自最朴实的日常生活和最平常的家庭成员之间的互动、认可。在获得了情感滋养之后，男孩的精神世界重新充盈起来，他的情感世界慢慢开始发育起来。因此，我想说这个男孩是被温暖的情感“救活”的。

但一般的人没有这么幸运，因为通常来说，性格忧郁的人很难经营一段美好的感情，得了抑郁症的人更不容易维持一段亲密关系。如果孩子到了成年也没有修复心理问题，其实很难有机会在别的地方重新得到童年没有在父母身上得到的情感滋养，还可能反复受到感情上的伤害，却不明白为什么。因此，不幸福的童年生活最有可能导致失意的成年生活。

从这个幸运的男孩的例子，可以看到，能救那位叛逆女儿的一定不是打骂和规矩，而是由父母带着孩子回到她 6 岁以前的记忆世界里，用之前不曾给她的温暖去包裹她，耐心地让孩子冰冷的血管慢慢热腾起来。她才 12 岁，在评判对错之前，先把她当作一只迷路的羔羊爱护起来。这时父母的情感投入和心理认同就像哺育孩子的那口母乳，会重新滋养女孩几乎萎缩的情感，让它再次发育起来。

然而，冰冻三尺非一日之寒，孩子的心理弹性是非常强大的，当天性快乐的孩子都愁眉不展或者偏执极端时，说明孩子已经承受了太多不该承受的，任何家长等孩子到了这个程度再去解决，都要做好长期抗战的心理准备，要陪孩子经历复杂的心理创伤愈合过程，要面对反反复复的挫败感和结果的不确定性，甚至需要去寻求精神药物和心理咨询师的帮助。而孩子的学业压力却只会一天比一天大，也很少有家长有足够的心理专业知识、精力和财力去帮助孩子，可以想见那种情况对于整个家庭来说都意味着笼罩在一场不知道会持续多久的危机里。所以我们不要等孩子出现了心理问题才关注孩子的内心，要从小就在孩子心里种下健康的情感种子，帮他抵抗外界的压力和挑战。

家庭情绪“火药库”，引爆孩子的心理问题

有个妈妈在综艺节目《少年说》里对四年级的女儿说了以下这段话：“在妈妈眼里，你始终都是最优秀的那一个。但若是这些东西改不掉的话，就太可惜了。你是一块美玉，但你的那些毛病呢，就是美玉上的瑕疵。那些瑕疵处理不好，你就是一块普通的石头。”说到这里，妈妈还追着逼问了孩子一句：“你想做美玉还是石头？”孩子的小脸毫无表情地僵着，却还不得不顺从地说了一句：“玉。”

这是一位好强好胜的母亲在控制一个心智处在相对弱势地位的孩子。孩子在这样的生活场景里每天重复接受负面暗示，会在不知不觉中被父母强大的意志操控，变成温水里的一只小青蛙，煮着煮着自信就被

煮没了，自尊也被一点点抹去了。孩子从小学开始觉得自己做不到父母要求的那么好，因此就是一块普通的石头；到了青春期觉得自己的瑕疵越来越大，因此连一块普通的石头都比不上，有的开始出现封闭自己或放任自流的情绪，有的走向抑郁，有的甚至做出伤害自己的极端行为。

《少年说》里那个女孩的母亲说的美玉到底代表了什么？石头又代表了什么？如果这位母亲把美玉和石头比喻成孩子的人生价值，那么我倒是希望我的孩子先成为一块坚强的石头，再通过努力逐渐成长为一块通透的石头，然后学会把“瑕疵”变成自己的特点或优势。石头其实更像一个长大了的活生生的年轻人，而美玉更像是父母手上待价而沽的“宝贝”。因此，把美玉当作养育标准的家长多多少少心态出了毛病，他们错把养育当作雕刻一块美玉，却没明白美玉是从一块浑然天成的石头中形成的。家长靠高度掌控孩子是无法雕刻出美玉的，用力过猛甚至还会把一块本可能成为美玉的好石头给整碎了。

无论是做出冲动行为的孩子，还是抑郁失学的孩子，他们身后都有一个隐形的家庭情绪“火药库”，引爆者往往是情绪失控的家长。当孩子在青春期出现心理问题时，其起因早已隐藏在父母和孩子身边很久了。那么，找出父母情绪波动的原因和爱操控孩子的父母性格，对唤醒家长的危机意识有着极其重要的作用。这里我们主要来看三种容易形成亲子冲突的父母性格。

第一种类型就是不达目标誓不罢休的强势功利型父母。那位在《少年说》中要求孩子成为一块没有瑕疵的美玉的母亲，就属于养育过程中功利性极强的妈妈。她定好了要造一块美玉的目标，会放大孩子所有的问题，要求孩子在学习和行为上不能出现任何瑕疵；一旦发现任何小毛病，就会把所有的力气花在为孩子纠错这件事上。这样的养育心态容易导致全家人生活在紧绷的关系中，情绪会经常濒临失控边缘，同时还会把孩子逼成一个低自尊的人。例如一个 10 岁的女孩说："每次写作业时，我都非常紧张以及害怕，根本没有心思写作业。"可想而知，女孩心中的焦虑水平已很高了，已经到了需要父母立即正视她的心理诉求的地步了。

第二种类型是精神依赖型父母，具体表现为父母对孩子放不下心，不信任孩子有能力管好自己，只有当孩子在自己身边时家长才会感到安心舒坦。这种尽一切所能来安排和庇护孩子，并从这样的关系中获得心理满足的现象，在心理学上有个术语叫作"共生关系"。

共生是指两种生物共同生活在一起，相互依赖；倘若分开，其中一方或双方都无法生存。亲子关系一旦变成共生关系，父母就无法接受和适应孩子寻求独立，会形成一种控制与反控制的亲子关系，家庭生活也会因此充满矛盾和敌对情绪，家长会沉浸在不能和孩子分离的恐惧情绪中。有个妈妈在回忆自己孩子中考的经历时说，她家的男孩非常依赖自己，平时不能承受一点压力，每到考试妈妈就必须陪睡，以缓解双方的焦躁情绪。这样一路走到了中考，考试前母子非常担心睡眠问题会影响考试的发挥。结果怕什么来什么，高压之下男孩中考发挥得一般，考进了家门口的一所普通高中。虽然母亲对孩子的高期待落空了，但却换来了一个对母亲来说极好的消息，就是男孩可以守在妈妈身边上学了。这个结果应该算是很不错的了，但是隐藏着一个核心问题：母子何时能够分离，儿子何时能够独立，母子双方的共生关系何时可以解绑。

第三种类型就是高期望型父母。他们希望完全按自己的愿望来塑造孩子，下意识里不认为孩子具备独立的人格。相反，他们认为孩子需要被不断管教才能变得优秀，才能出人头地。而家长的这种高期望，就像一根套在孩子脖子上的绳子，孩子年龄越大会觉得被勒得越紧，最后感到没法正常呼吸，再加上学业和青春期的情绪自控问题，孩子轻则情绪波动，重则精神崩溃，甚至出现自己都无法解释的身体状况。我身边就有一个大男孩，考大学时因为紧张过度反而在英语的考场上睡着了，为此那一年他错失了高考的机会。后来询问他原因，他说他发现自己在高中最后一两年里总出现考试一紧张就想睡觉的状况，至今也不知道为什么。

这三种类型背后都是控制型养育，父母会无意识地操纵孩子，对孩子实施情感控制，因为父母与孩子之间存在着明显的优劣、强弱对比，比如在年龄上的大对小，认知上的经验丰富对菜鸟，生活资源上的有对无，心理上的强势对弱势。只是在其他的关系里，被控者只要自己觉悟还是有机会可以选择退出关系的，但孩子却很难。

控制型养育的核心其实是忽视型养育，这是另外一种矛盾型养育：控制孩子的行为和结果，却忽视孩子的内心感受。比较典型的一个场景是当孩子进入学校，出现了问题，犯了错误，很多家长会觉得孩子不争气，让自己丢面子，当着老师和其他人的面，恨不得给孩子三十大板，而且还是“立即执行”，以显示自己教子有方，不会纵容孩子。殊不知这样高压式惩罚性的教育方式，会导致很可怕的长尾效应，越表现不佳越怕，越怕越容易学习差、犯错误，会把去学校读书跟被打骂惩罚联系起来，一时的落后经过恶性循环成了难以逆转的永久劣势。

这种方式的最大问题是完全忽视了孩子作为当事人的感受。在最容易惹怒家长的学校矛盾方面，我一直建议家长要做绝缘体，而非导电体，接到学校的消息后不能马上暴躁地传导给孩子，而是要作为冷静的绝缘体为孩子做好缓冲。我一个闺密的女儿上高中时住在舅舅家，有一段时间舅舅偷偷告状说外甥女经常跟一个男同学一起放学回家，还经常在卧室打电话。闺密却回应道："不会有啥事，我的女儿我最了解。"之后闺密找来女儿说："虽然我听说了一些事，但我相信你能处理好同学关系，你不会做出格的事。现在高三了，我知道你的心思都会在学习上的。"高考时，闺密的女儿超常发挥，本来觉得考个省内的二本就满足了，没想到考进了北京一所很棒的大学，录取成绩是这个大学在全省招生的第二名。

我在美国生活时，还跟老师们学习了一个很好的方法，就是只要孩子在学习中发生了什么问题，就让孩子给我写邮件告诉我来龙去脉，以及他打算怎么处理。这种时候通过文字沟通往往比当面交流更好，因为写作促使他反思。当时老师跟家长沟通的方式是一到四年级把孩子的表现写在联系本上，五年级开始就写邮件，如果打电话则是有天大的事。这种强调沟通而非告状的方式让各方都能理性地解决问题。在沟通上，我们最容易忽视孩子，却最不能忽视孩子，因为他们的心理最容易受到影响，家长要有策略、有分寸、有共情地跟孩子交流，才能把孩子遇到的挫折和冲突转化成进步的契机。

有一次我在亲戚家做客，她的孩子正在上网课。网课老师让学生们描述一个自己养过的宠物，亲戚家孩子不紧不慢地说："我养过一只小鹦鹉，它的名字叫黄桃，它的眼睛像黑色的珍珠，它爱吃很贵的鸟粮。"老师哈哈一笑，说："不错，很生动！接下来，该陶陶了。"隔着屏幕，我听到那个叫陶陶的男孩沉默了半天，说：“我没有养过宠物，我家只有金鱼……”老师说：“金鱼也行啊！”陶陶说：“它们就是鱼，没什么特点……”这时我突然听到陶陶妈妈用尖厉的声音喊着：“你怎么什么都说不出来！你要学会观察呀！观察你懂吗！现在就来观察，说，这些金鱼是什么样！”陶陶可能是被妈妈摁着在鱼缸前看了一会儿，但还是说不出什么。我能想象他那个时候不光观察的眼睛关闭了，说不定都恨死金鱼了。

虽然这是一件小事，却能折射出妈妈的养育方式：想要用自己的指挥棒指挥孩子，想要孩子去表现出令自己骄傲的模样，凡事都想插手拔高，却唯独看不到孩子真实的模样。孩子不会观察就没有什么要表达的，那为什么不会观察？一定是妈妈不允许孩子自由地看，自由地探索，只能按照她的方式来做事，使孩子早早就关闭了本来天生自带的明亮的观察之眼。不仅心智在控制型养育里早早关闭了，更严重的是陶陶的情绪明显是低落而麻木的，说明他的内心已经受到了伤害，尤其是自尊感被妈妈的不恰当控制大大伤害了。

我在第 02 章中介绍了自尊感是萌芽于孩子 4 岁左右，因为有了这份自尊的感受，孩子敢于探索周围的世界，行为的主动性增强，并心心念念地想要学会各种生活的自理能力，好从大人身边独立起来，所以能够做好一件事，会让孩子觉得自己非常厉害，有自尊感。到了 6~7 岁时，孩子开始形成自我评价体系，他们会从学习、社交、运动和自己的外貌四个方面来获得自尊感。到了青春期，孩子的自尊感出现分化，如果初高中生对学习适应得好、亲子关系和睦、有好朋友交往，那么他的自尊水平就会高；如果孩子对自己与父母的关系非常不满，就会出现学业自尊水平低、情绪焦虑、精力不集中，甚至出现攻击、霸凌和反社会行为。有没有发现，孩子获得自尊的过程就是孩子一步步从父母身边走开，逐渐获得精神独立的过程？其中学业表现和亲子关系起到了非常大的正面或负面推动作用。

因此，父母的自我情绪、自我认知和自我价值观对孩子的影响特别大，如果父母时时处处都想着如何掌控孩子，如何纠正错误，如何让孩子成为一块没有瑕疵的美玉，那么用力过猛之下，家长的情绪也会像一座随时可以被点燃的“火药库”，在引爆孩子心理问题的同时，摧毁孩子的自尊和自我价值感。

高频的生命能量，提升孩子的情绪抗挫力

要想带领孩子成功应对情绪的考验，在反思养育模式后，另一个关键就是父母帮助孩子认识自身的价值，激发孩子的生命能量。我的小儿子说过：“妈妈，我觉得音乐是我的天赋和特长，但是未来我不一定拿它来做职业，至少现在我觉得我不应该把自己陷在一个专业里，为了学音乐而放弃其他学科的学习。我想过了，即使未来我会成为一个音乐人，我也可能会走与今天的音乐人不一样的道路。可能我会跨界，可能我将做的事在今天的人眼里都还不属于音乐的范畴。还有，我很希望能和哥哥一起工作，他从视觉艺术角度，我从听觉艺术角度来一起合作，可能非常有意思哟。”

首先，从这段话里我感受到了一个非常强的生命能量，孩子在设计

自己的未来，也就是说在找人生的方向，他找到了就获得了自我同一性的认同。其次，他看到了自己在未来的职业中可能的专业价值，并把未来的专业价值与今天的学业有机地联系起来。他让自己看到，今天的刻苦学习是一种对未来自我价值的投资。最后那一句他说要和哥哥合作，更体现了他对家庭的一份价值感和义务感，和他对哥哥的价值感的认同和崇敬。所以，面对这样一个有良好目标感的孩子，我不需要盯他的学业，我和小儿子很少谈事，更多谈方向、感受、责任和未来。

当我们理解了孩子生命能量的重要性后，就需要反思自己怎么做会拉低孩子的生命能量，什么样的心态转变可以带动整个家庭一起提升生命能量。第一，要改变贬损和打骂的养育方式。哈佛大学医学院的马丁泰彻博士曾对“言语虐待”做了研究，他发现孩子长期被骂，会导致大脑前额叶中灰质的减少。灰质减少预示着智力降低、认知迟缓、感觉迟钝，以及语言和记忆发展缓慢。同时还发现，父母的负面言语会改变大脑中掌管情绪的杏仁核，长期的压力会让杏仁核变得越来越大，越来越敏感，即使一点点的压力都能触发巨大的情绪爆发。可见，父母自以为的激励施压法，实际却会给孩子带来深层次的心理和性格上的伤害。

第二，再往深里看，是要改变负面聚焦的情绪习惯，寻找孩子行为和能力上的亮点。在当今快速发展的社会里，大家都奉行一个不成文的规矩，即“坏比好强大”[①]，也就是好事不如坏事传播得快，坏事比好事更容易吸人眼球。比如，上各大媒体头条的事件一般都是关于某某人的坏消息、某某事件的负面报道等。即使开家长会，父母也更容易被老

---

① 资料来源：[美] 奇普 · 希思、丹 · 希思著，姜奕晖译，《瞬变：让改变轻松起来的 9 个方法》，中信出版集团 2014 年版。

师的批评言语吸引注意力。因此，情绪的负面聚焦已经变成了我们惯常的思维模式了，如何打破它则需要我们拓展视角。我的做法是，不求立即解决问题，但求立即改变负面的心态和情绪，因为一旦正面情绪建立起来了，事情自然会朝着正向发展。

2020 年春节期间我在纽约见到即将大学毕业的大儿子，我问他工作找得怎么样了。他脸上带着一如既往的笑容告诉我他有信心找到工作。然而，在接下来的聊天中我听出了他心中的不安，聊着聊着他便说出了心里话："妈妈，我觉得找工作比我想象的要难得多！"我说："当然，现在是什么时候啊？健康和生命都受到新冠疫情的威胁，经济衰退得如此严重，其实我们要考虑的不是如何找到工作，而是如何撑到工作开始重新在市场上出现的那一天。"孩子沉默了，我知道他开始思考了。果然等了一会儿他对我说："妈妈，我觉得你讲得对，我应该把目前的期末考试先考好，然后立即申请下学期少修一点学分，把一学期的课分两个学期来上，这样多出来的时间我还可以保持目前手上的这两份实习工作，积累好工作经验。等过完暑假后，我们再来讨论如何应对下一步。"

其实，我和孩子在聊的就是我们常说的"生不逢时"的大环境问题。一个大学生如此辛苦地读完 4 年大学，到快毕业了却遇上了世界经济触底的时刻，这对年轻人求生存、求工作造成的压力该有多大呀，而且当时谁都不知道新冠疫情的蔓延趋势是突发短期的，还是会拖延很久。此时，我没有开动情绪的开关，怨天尤人地吓唬孩子，或直接训导他该如何找工作。相反，我维持内心的平静，适时为孩子指出一些客观的事实，引导他了解压力和挑战的根源在哪儿；不采取过激的言语来加剧孩子对现状的恐惧感，不指责也不讽刺孩子的能力，让他在冷静的状态下为自己找到一个理智的解决方案。不出所料，这个延缓毕业的方案奏效了。他把毕业的时间从5月推延到了7月，在学期中因为减少了修课量可以继续在线上做两份实习工作，一份是不带薪水的，一份是带薪的。到了6月初，他通过了层层面试拿到了正式的工作录取通知，到8月初开始全职投入他喜爱的工作。因此，当大风大浪来的时候，我们最应该做的不是心急火燎地当"掌柜"，而是做他背后的那根看不见的精神支柱。

第三，放下"伪挫折教育"，拓展快乐情绪。我遇到过这样一位父亲，他对外人儒雅温和，俗称"没脾气"。可是一遇到自己的孩子，他就喜欢用挖苦和讽刺的语气方式来说话。我问孩子为何父亲要如此对待他，孩子说因为父亲是一位完美主义者，觉得孩子不能太开心，不能给予太多的好评，否则孩子会"轻骨头"，容易不思进取。因此，这位父亲时不时地想要打压一下孩子的自信心，好让他不满足现状。那么长时间生活在人为造就的打压式的负面情绪中，孩子会变成什么样的人呢？

心理研究发现，负面情绪多半会给我们的思维带来窄化效应。举个例子，警察给枪击案受害者做笔录时总是一筹莫展，因为受害者只能详尽描述凶犯手上拿的那把枪，却对凶手是否长着胡子毫无印象。[①] 窄化效应就是当我们深陷恐惧中时，我们能看到和感受到的都是令自己最恐惧或最害怕的东西。那么该怎么办呢？强化正面情绪，它带来的结果恰恰与负面情绪带来的窄化效应相反，能拓展人的快乐情绪，充实思维，

① 资料来源：[美]奇普·希思、丹·希思著，姜奕晖译，《瞬变：让改变轻松起来的9个方法》，中信出版集团2014年版。

提升行动力。[①] 因此，伪挫折教育只会让孩子对自己更没信心，更认为自己比别人差，更期望得到别人的肯定和认同，也因此会形成一个错误的自我价值认同，把自己的价值过度地建立在他人的评价上。这样更容易遭受外来的打击，感到自卑，陷入自我怀疑和自我否定的情绪中不能自拔。

关于抗挫力，我还想说一点，父母没有抗挫力孩子就很难产生抗挫力。所以，父母必须先锻炼自己对压力和负面状况的反弹能力。抗挫力的英文“resilience”也有“弹性”和“弹力”的意思。当高楼大厦遇到台风时，就会启动防震的弹性装置，让大楼随着风雨晃一晃，以此达到保护自己的目的。在拥有内心的“弹力”之外，我们还要消除“末日感”心理，就是总觉得孩子只要犯一点小错就会自毁前途。这样的家长总在扮演坏孩子的“拯救者”，然而不走弯路的孩子到最后一定是那个自己找不到北的人。

第四，改变“我说了算”的控制模式。如果家长为了孩子好，希望改变孩子的某些行为和错误，那么最有效的方式是想办法影响他的情感，而不是告诉孩子“听我的想法”“照着我说的做就可以啦”。大家还记得《学习的格局》封面上的那位小姐姐吗？她的名字叫张洛源，今年暑假里她刚好过了 10 岁的生日。有一次洛源妈妈和我聊起了女儿青春期的情绪问题，告诉我她开始观察到女儿心中的那座小火山开始萌动了，时不时地会对弟弟和周围人“冒冒火”。我也分享了自家两个大男孩走过青春期的一些经历，我说最重要的不是设立“听话与不听话”的

① 资料来源：[美] 奇普 · 希思、丹 · 希思著，姜奕晖译，《瞬变：让改变轻松起来的 9 个方法》，中信出版集团 2014 年版。

规矩，而是要在孩子的独立情绪“冒出来”之前，先在她的心里营建起一条美好的情感纽带，让她有能力用爱的力量去化解自己的情绪，这样到了她 14 岁遇到青春期情绪问题时，她才会自然而然地来寻求父母的建议，因为你们早就是一个“小团队”了。没想到我们两个母亲聊完没几个月，洛源就写出了一篇感人的小作文，题目是《我心目中的父母：我们的四部曲》。我很受感动，一个正在步步走近青春期的女孩，她在妈妈的循循善诱下敞开了心怀，对妈妈和爸爸表达出如此美好的一份情感。我把洛源的小作文贴在这里，以此鼓励所有的父母能够向洛源一家学习，把与孩子开展情感交流当作养育的头等大事来推行。

《我心目中的父母：我们的四部曲》

我们的关系就像不同的音乐一样，我跟妈妈像闺密一样，我跟爸爸像兄弟一样，跟妈妈可以无话不谈，跟爸爸可以一起做游戏。

虽然我们之间有一些冲突，比如和爸爸做数学题，和妈妈写作文，但是我们可以找到很好的方法来交流。

我们也会互相安慰，互相鼓励。我关心妈妈，不要太辛苦，不要熬夜；我也会关心爸爸，台风时注意安全，不要加班。

我们会创造美好的事，创造一个属于我们自己的美好世界。

小节结语

我的大儿子在新冠疫情期间养了一条小狗取名 Miso，开始我特别抗拒，因为我有呼吸道过敏症，怕所有小动物。没想到每次在视频中看着孩子与小狗快乐玩耍在一起的样子，我的心开始变得越来越柔软了，最后一点焦虑的情绪也释然了。我想，孩子一个人住在曼哈顿孤岛上的一个小房间里，独自上着网课、做着网上的工作，没有家人在身边，他的孤独和苦闷谁来替他排解？时间飞快地过去了大半年，我和小狗 Miso 也成了视频中的朋友，看着它陪儿子散步、坐在空旷的公园里吃早饭、一起挤在床上发懒发呆。原来小狗 Miso 带给孩子的正是一场生命旅程的陪伴。想着想着，我被涌上心头的美好感受控制了，我从心底里感谢小狗 Miso 替我陪在了孩子身边。妈妈不在，但 Miso 却在。这就是生命的能量，生活中任何一件小事都是可以帮助我们转换能量的，只要我们改变一点看问题的角度，负能量就能瞬间转变成正能量。

第二节　朋友的考验：用社交能力打破社交孤立

家长都希望孩子能交到很多好朋友，如果孩子的人际关系出现问题，总是会引发家长的焦虑和无助。比如，发现孩子融入困难，总是会着急。这种焦虑是不无道理的，因为如果放任孩子的孤僻倾向不管，很可能会发展成社交恐惧症，甚至阻碍孩子日后正常的工作。我在网上看到一位29岁的程序员上传的视频，他在里面说："我昨天终于离职了，我没法融入公司，因为公司的氛围太好了，太活跃了。我希望能找到一个单位，每个人都不说话，埋头工作就可以了。"其实，这位程序员就是只关注学习能力，而忽视了社会能力的典型。他说，他刚接了一个编程的工作，收入可以让自己活上三个月，但是那之后怎么办呢？我想虽然这是一个个案，程序员需要寻求专业的心理医生的干预，但是，回过来想想我们的孩子，是否小时候也曾表现出内向、害羞，不愿参加集体活动？那我们会如何思考、介入并做善意的干预呢？如果我们把孩子的某些个性特质推给性格，认为性格就是这样的，那么最后即使孩子通过努力学习考上了大学，也会遇到像这位程序员一样的难题，就是在专业能力上没问题，但在社会能力上遇到了大问题，最后让自己的学养和能力无法正常发挥出来，让家长对孩子的美好人生的希望落空。因此，我认为在早期教育里，对性格情感和社会能力的培养比获取知识更重要。

社交能力来自天生性格，还是父母培养？

在培养社交技能之前，先要纠正一个错误的认知，就是把孩子的社交能力跟孩子的性格混淆。很多家长看到孩子害羞孤僻，就简单地认为孩子的性格就是内向，是天生的，是固有的，是很难改变的，就放弃了关注孩子的社交能力。

孩子的确有先天的气质之分，纪录片《北鼻异想世界》里有一个实验发现当 6 个月大的婴儿面对不同形状、不同颜色、发出不同声响的玩具时，会出现三种应激反应。研究人员认为这三种反应与成人的三种气质相同，它们分别是激动、平静和谨慎。这说明人的气质也是来自父母的基因遗传。那么，这样的气质在孩子的成长过程中会发生变化吗？

20 世纪 80 年代美国著名的发展心理学家杰罗姆 · 凯根做了一系列的相关实验，他把儿童的气质分为抑制型和非抑制型。抑制型儿童会表现出敏感、退缩、胆怯；而非抑制型儿童则表现出不容易怕生、善于交际、愿意主动接近他人。凯根的实验带给我们的最大贡献是，他指出儿童的这两种气质不只是生物基础的遗传，还会受到后天环境的影响。比如，他认为带有抑制气质的儿童与非抑制气质的儿童的行为表现是不同的，而这样的不同恰恰会引起他们父母截然不同的反应，从而形成不同的教养模式，不同的教养模式反过来又会影响儿童气质和认知情绪的发展。

尽管孩子的先天气质不同，但一个由世界顶级儿童发展专家团所做的实验告诉我们，所有人从出生开始就有强烈的关系渴望。在儿科专家古蒂·辛格博士带领下，专家团跟踪了200多个英国家庭和他们的2岁以内的孩子，用一个光波大脑扫描仪器观察出生才一星期的新生儿时，看到了他的大脑对不同事物的神奇反应：当专家把一个机械玩具放在小婴儿的面前时，他的大脑完全没有反应，而当一个人脸出现时，婴儿的大脑立即产生反应，而且波动很大。专家告诉我们那个大脑反应区域叫"颞上回区"，它像一个关系网管辖着孩子未来与外界的所有沟通，包括观察和理解他人的情感等。因此，正是这个脑区的发育对孩子掌握社会化能力起着关键作用。由此可见，如果我们把这个"颞上回区"看作一个主管社交的人脑硬件，那么它在孩子出生后一周时已开始启动。这个实验让我们明白了一些事情：人天生喜爱与他人接触，我们是带着群居属性来到这个世界上的；而人和人之间早期的社会交往技能，则需要后天通过父母和环境的熏陶、引导来获得。

因此，无论我们希望加强还是削弱孩子先天性格中的某一项特质，都可以通过早期的后天环境，尤其是父母的榜样作用来实现改变。比如，早期性格中具有敏感特质的孩子，他们对于同一件事的害怕、紧张、羞愧等感受会比别的孩子强，所以他们对事物的反应会更谨慎，能力的舒适区会更窄小，因此父母在教养过程中必须避免急于灌输或直达目标的做法。父母需要花更多的时间来策划活动前期的预热环节，包括为孩子调整好情绪，营建感受的舒适区，同时做好1~2个不同预案，其中一定要有一个允许孩子退出的可能；到了活动现场，为孩子预留出充足的时间，让他观望和观察，逐步适应环境，在确认了环境安全之后，孩子自然会开始他的行动。

那么，什么时候开始孩子才能受到家长在社交方面的积极影响呢？这要从自我意识的形成说起。在与人交往之前，孩子必须先认识自己，也就是必须先发展出自我意识，这是社交能力的基础。大家应该还记得在第02章第二节里，我们讲到过“三山理论”，证实孩子在3~6岁阶段沉浸在“自我中心意识”中，看不到别人的需求。而古蒂·辛格博士的实验则为我们确认了自我意识出现的最早时间。研究者在游戏过程中不经意地在孩子的脸颊上涂了一道漂亮的红印，然后让孩子站到镜子前来观察自己。18个月大的孩子似乎对镜子里的自己产生了兴趣，但还是疑惑着不知道那是谁；21个月大的孩子来到镜子前，看着镜子里的自己，立即有意识地用手去擦自己脸上的红印，而且动作非常准确，原来他已经看明白了镜子里的那个人就是自己。

因此，研究者得出结论，在21个月时孩子的自我意识出现了。但在这个时候，自我意识还处于非常微弱的阶段，就像一个洋葱的内核。通过逐渐地与外界互动、与他人交往，那个内核就像洋葱一样一层层地由内往外长出去了，最终形成了孩子的个性、思想和对自己的认识。因此，在自我意识像洋葱一样向外生长时，就应该是家长能够潜移默化影响孩子的阶段了。

孩子最早的自我意识出现在21个月大左右，所以家长可以利用这个时间节点，逐渐带领孩子走出家门，有计划地参加一些适合孩子的社会化活动，比如去游乐场和别的孩子一起玩，邀请其他小朋友来家里玩。同时在游戏中要特别关注孩子对他人所表现出来的那份同理心，我们要有意识地告诉自己这不是孩子做的一个普通的小动作，而是孩子心里那颗共情的种子正在发芽。童年时耕种的情感能力，孩子将一生受用。

我这里有两个正反面案例。第一个案例发生在我们的乐团里，我曾观察到一个10岁的男孩，第一次与父亲和姐姐来到合唱团试唱。可能他觉得唱歌是女孩喜欢的活动，因此在门口徘徊着、犹豫着，就是不肯进来。小男孩的父亲非常耐心，对我说合唱团里有儿子认识的小朋友，快把他找出来帮忙。于是，我大声对孩子群叫了一声："我们有新队友加入啦，快来欢迎这位新朋友。"结果一下涌上来了4~5位队友，簇拥着男孩进了门。接下来这位爸爸和姐姐拉过了场地上的小板凳，安然地坐在孩子们的后边，一边观摩一边跟着合唱队老师学唱歌曲。我看得出这个男孩属于慢热型，他在小伙伴和家人的陪伴下，一点一点地放开了心中的警戒线，非常自然地融入了歌唱中。

第二个案例发生在儿子的学校里。有一次课后我在走廊里看到一位母亲硬拉着女儿去参加戏剧社的活动，可是女儿非常抗拒，直接逃进了厕所怎么也不愿出来。于是妈妈站在门外大声劝慰孩子，看孩子没有反应，妈妈的话语开始变得激烈起来，说的话也越来越难听了："你这个孩子怎么这么没出息啊！别人都能做到的事，为什么你就不能呢？"我看得出来这位妈妈心里着急，她想要用力纠正女儿的退缩行为，一竿子解决问题。

其实，这两个孩子可能都属于慢热型特质，这在孩子早期性格的形成中属于较普遍的现象。心理学家专门对这些孩子进行了研究，发现他们不活跃，对环境刺激的反应温和，心态消极，对新经验适应慢。他们在早几年行为问题并不多，但是到了学前期和学龄期，当人们期望他们在教室里和同伴群体中积极、迅速地做出反应时，他们会表现出一些恐惧、迟钝和退缩的行为。[①] 显然案例中的男孩和女孩都有类似的表现，到了课堂或群体中会出现退缩和恐惧的反应。可是，男孩的爸爸采用了正面而积极的回应模式，让孩子按自己的节奏慢慢为自己“加热”，最后获得了良好的反应；而那位妈妈速战速决的做法，非但解决不了问题，反而会给女儿带来反作用，甚至可能导致女孩倒退到自己封闭的角落里，不再愿意打开自己的心扉。

孩子在家庭之外开始学习社交时，第一任“老师”会是谁呢？答案是孩子身边的小伙伴。为什么这么说呢？因为孩子走出家庭后，其行为系统的基本规则是由他加入的同伴群体来决定的。比如，我在机场看到了好大的玩具店，里边充斥着各种盲盒，有儿童玩的，也有给白领设计的。为何盲盒突然流行起来了呢？其中的奥秘就在于同伴群体的力量。你看，一个孩子把一个盲盒带到了学校，接下来会有一群孩子跑到他们的妈妈面前要求买一个盲盒，然后带到学校里互相交换，这就是群体的力量。因此，进入小学阶段后，孩子融入群体的第一个行为就是跟随同伴做选择，否则就无法加入群体，无法被群体接纳。有研究表明，儿童是否能积极地加入一个同伴群体，是否形成了积极、良好的同伴关系，是否接受有能力的同伴的榜样作用，都会对其社会能力和同伴交往能力的发展产生重要影响。[②]

由此我们可以看到，孩子能否成功地进入一个同伴群体是开展社交

---

① 资料来源：[美] 劳拉 · E. 伯克著，陈会昌等译，《伯克毕生发展心理学：从 0 岁到青少年（第 4 版）》，中国人民大学出版社 2014 年版。

② 资料来源：[美] 哈里斯，《社会行为与人格发展：兄弟姐妹和同龄人经历的作用》，《社会心理的起源：进化心理学与儿童发展》期刊，2005 年。

的最重要的前提。如果一个学生只与自己的兄弟姐妹或从小一起长大的邻居家孩子玩，那么他就很难发展出更高级的社会交往能力，因为他始终躲在社交舒适区里不往外拓展。我的孩子每次转学，我都不问他到了新学校后的成绩如何，而是每天问他两个问题：有发现什么好玩的事吗？交到新朋友了吗？久而久之，小儿子交到一位新朋友就会跑来向我“炫耀”，因为他知道我喜欢听“新朋友”这三个字。

因此，在孩子性格还未完全成型的早期发展阶段，父母一方面需要深度了解孩子的气质，学习一些心理学的知识，用正确的教养模式和回应方法来强化优项气质；另一方面需要避免与孩子的问题气质对着干，比如孩子不愿融入某个活动，那么家长可以尝试把力气花在改变环境上，以此慢慢消除孩子对环境的疑惑感。为此，我总结了两个“三字诀”来回应不同气质的孩子。

三字诀 I：一慢二看三鼓励。

对于胆小、不活跃的孩子，我们可以增加环境中对孩子友好的成分，如找到一些熟悉的小伙伴、一位善解人意的老师和特别有吸引力的游戏等。家长无须一次性解决问题，任何一次成功融入集体的美好体验，都会给孩子带来下一次的勇敢尝试。所以，我总结了一个三字诀：一慢二看三鼓励。一慢，就是按孩子的节奏来，不急不躁、不催、不贬损；二看，就是让孩子自由地观看，不加入活动也可以，暂时离开一下再回来也可以，只要孩子愿意观看就是一个转折点；三鼓励，鼓励可以是言语的，也可以是身体的，家长不离开、不发脾气就已经是在鼓励了。通过慢慢地实践，孩子天生气质里的一些特质会因环境里的正面影响而发生积极的变化。

三字诀 II：一清二白三总结。

对于活泼好动的孩子，则应给予更多的自主性，并给孩子提出明确的行为要求，但是不采用强制性的方式，因为这样做孩子容易被激怒，反而强化了气质的负面成分。我也有一个三字诀：一清二白三总结。一清，就是活动前和孩子清楚地说明行为的规矩和准则，什么可以做，什么不可以做；二白，就是要求孩子听明白老师的指令，因为好动的孩子注意力难集中，学习聆听是最重要的一项功课；三总结，就是活动结束后要和孩子来一个简短的总结，让他回顾活动中的问题和收获，家长要抓住这个机会对孩子的每一次好行为给予语言的强化，这就是在潜移默化地改变孩子的负面气质带来的行为问题。

我自己曾经也很内向，美国的教育改变了我，在那边课堂发言是要占学分的。在那里，随着阅历的增加，我渐渐打开内心，因为我发现打开比关着好，像向日葵一样，跟着太阳走。

不仅内向的性格会改变，内向的孩子也会交朋友，只是他们不需要那么多朋友罢了，他们非常满足于拥有几个深交的朋友。因此，我们有必要多了解一些内向与外向性格的知识。最早提出内向和外向性格的是瑞士心理学家、分析心理学创始人卡尔·荣格（1875—1961）。荣格曾以希腊神话中的太阳神阿波罗和酒神狄俄尼索斯来比喻两种心理特质的人：把内向性格的人比拟成通情达理的阿波罗，这些人喜欢独处思考，经常自我审视，大部分时候对参与他人活动不感兴趣，属于做事需要深思熟虑之后才能行动的人；外向性格的人则由狄俄尼索斯代表，这些人感觉丰富、激情高昂、富有活力，在生活和工作中喜欢参与活动，对外在世界的物质化感受很敏感，所以这些人很可能耐不住独处的寂寞和无聊。而荣格也说明了内向和外向不是明确的二分法，很多人可能处于两个极端的中间地域，就像光谱一样，逐渐向两极过渡。所以，我们都可能同时具备内向和外向的特质，而且在不同场合表现出不同的特质。比如，很多演员在舞台上看起来极具外向特质，可是到了人群中却会变得非常内向沉静；孩子们在家里非常外向，到了陌生的环境里又变得内向起来。

随着脑科学的发展，科学家还发现了一个秘密，就是内向和外向的人的脑回路长得不一样，血液在大脑中的流动分布也是不同的：外向的人血流量集中在大脑后叶，那里是掌管行动的区域，所以他们看起来更活跃，也更冲动；而内向的人则恰恰相反，他们大脑中负责计划、思考的前叶区域血流量更大，也就是说，他们在真正行动之前，倾向于先深思熟虑，在脑海中模拟各种可能出现的情况，以至于看起来可能会慢半拍。①

以上两大学科横跨两个世纪，为我们解释了内向和外向性格的来龙去脉。荣格从心理分析角度让我们看到两种性格所导致的不同社会能力、行为和思维模式；脑科学家用最新的实验让我们从大脑构造的角度来追溯导致不同行为的根源。看明白了这两点，我们能做的就是先接纳孩子与生俱来的那部分性格，然后去影响孩子能够被影响的那部分。

---

① 资料来源：[美] 马蒂 · 奥尔森 · 兰妮著，赵曦、刘洋译，《内向孩子的潜在优势》，上海社会科学院出版社 2017 年版。

为内向“脱敏”，每个孩子都可以成为人气王

害羞通常发生在陌生的社交场合，由于环境里存在一些不确定因素，所以容易让人感到轻微的害怕，但又不至于恐惧到不能自持的状态。然而，大部分家长以为外向的孩子不会害羞，总是可以表现得时时“人来疯”一样，也因此总是责备自己的孩子内向、害羞、没用等。其实，外向和内向的人都会遇到令自己害羞的情况，只是他们对害羞的直接反应不同。

举个例子，我们夏令营的开营仪式上，迎来了三个性格完全不同的孩子。当老师要求每个孩子上台来介绍一下自己和同入营的父母时，三个孩子都有不同程度的害羞和紧张，这应该属于正常的反应。这时我看到，那位内向的孩子立即启动了焦虑情绪，背过身去开始流泪了，于是，老师立马用身体护住了孩子，并请爸爸上台来帮忙介绍孩子和自己；那位外向的孩子同样有一点害羞，但是他把全部的注意力放在了怎么让自己开始做自我介绍，我看得出他的内心蠢蠢欲动，特别想要表现；那个处于内、外向中间带的孩子，看起来很平静，脸部没有表情，眼神聚焦在观众的身上，她表情严肃地慢慢进入自己的角色。

读着我的描述，你会发现其实这三个孩子都会有害羞的感受，所以害羞不应该是社交障碍的核心所在，因为每个人，无论是孩子还是成人都会遇到超出自己舒适区的时候。那到底什么是社交问题的根源呢？根源在于孩子应对害羞感觉的能力不同。我们只是把关注点放在了害羞上，因此总想帮助孩子避免让他感到害羞的场景，久而久之孩子失去了在实际生活中为害羞“脱敏”的练习，也就是不具备应对害羞的社交能

力。因此，无论孩子是内向还是外向，我们都需要教会他们一些社会交往的技巧。

比如，针对以上三个孩子的自我介绍场景，我们可以做一些修改。第一，把自我介绍的语言模板提前发给三位小朋友，让他们和自己的父母或同伴先演练一下，这就是在做预习，可以有效提升孩子的自信；第二，我们可以预设几个不同的自我介绍模式，对于内向的孩子，我们可以由老师提问、孩子回答，通过引导来展开自我介绍环节；第三，组队上台介绍，用小队的氛围带动孩子的热情，克服孩子内心的一点小恐惧。在一周的夏令营生活中，我持续关注了那个内向的孩子，她的舒适区慢慢在扩大，与小伙伴的关系也越来越融洽，还交了一位异地的好朋友。所以，性格不等于能力，内向的孩子只是比外向的孩子在行动上慢一步。例如，他们不主动说话，并不等于他们不知道说话；他们在集体活动里显得不那么积极，并不等于在关键时刻他们不会给予他人帮助。

家长在了解了孩子的性格特点之后，更不能用贴标签的方式来责备孩子内向。相反，需要把内向性格中的闪光点拿出来与孩子讨论，比如行动前爱思考，这是一个非常好的强项特点，围绕着这个强项，和孩子一起去发展出更多社交技巧。我以前有一位同学，他是个慢性子，性格也呈现出偏内向的特点，但是他的强项就是极其幽默，班上如果需要组队做小组学习，他不愁没人邀请他。所以，拥有一个社交的“必杀技”也是打开社交局面的切入口。此外，这里还有两个值得父母关注的与学习相关的重点：

为不同性格的孩子，建立不同的学习和社交场景

我们平时总是看着内向和外向的孩子对外部世界所表现出来的样子，却很少关注他们内心世界的不同。心理研究表明，内向性格的人需要从自己的内在世界，也就是独处的思考情绪中重新获得精神能量；而外向性格的人喜欢参与各种各样的活动，经常与人见面，体验不同场景带给自己的刺激和启迪，以此来充满精神能量。因此，家有内向型的孩子，父母可以考虑营建一些安静而小范围的学习和社交场合，比如把家门打开，迎接一些孩子的小伙伴来一起阅读、做功课、游戏、看电影等，让孩子在舒适的环境中放开心怀地交友，在交友中促进学习。家有外向型的孩子，父母就需要为他提供多种多样的丰富活动，把他的生活安排得节奏快一点，把学习的场景拓宽一点。比如，周末我的孩子会邀请同学一起到图书馆里去学习，我也鼓励他们学习完了后一起吃个简餐晚饭。如果逼着孩子一个人学习，反而更容易消耗掉他的精力和学习兴趣。

为不同性格的孩子，建立不同的学习方式

性格外向的孩子比较喜欢拓宽学习的广度，想要获得更实在的场景体验。比如，我的孩子会邀请同学一起去参观博物馆、听音乐会，他们也会经常一起聊天。我问他们平时聊什么，小儿子说关于政治、新闻和社会事件。可以看出来这些孩子对新生事物和社会事件更有兴趣。性格内向的孩子喜欢深挖学习的深度，通常会自己钻研、深入了解一个事物或一个领域的事情，他们并不在乎太多的外部信息，突然涌进来的多方面信息反而会让他们觉得有超载的不好感受。我身边就有一个女孩，她

收集自然界里的各种蝙蝠图案和信息，然后把它们输入电脑做艺术和设计处理，变换出许许多多的蝙蝠形象和家族故事。我相信有一天她可以在学校里开一个小型展厅，来展示她的研究、创作和跨界的作品。

因此，无论孩子是外向还是内向的性格，他们的能力所长都各有千秋。而且，无论在社会上、学校里还是家庭中，我们都需要不同性格特质的人一起搭伙、合作前行。虽然从表面上来看，内向的人在某一次聚会、某一个项目的展示会上会“吃亏”，但是从人生就是长跑的概念来看，内向的人会有大把的机会来展示自己的人格魅力和实战能力。因此，请别给孩子贴上内向或者外向的标签，打造好孩子的社会能力才是最需要聚焦的事儿。而且，不管是内向还是外向，人都是要往中间走的，需要安静的时候内向，需要表现的时候外向，才是理想的发展方向。

培养五项社交技能，让它们像洋葱一样长出去

在第 02 章第二节里，我详细讲述了孩子到了 3 岁左右，也就是进入幼儿园的时期，会围绕着共情和自尊两大情绪能力展开活动，孩子们经历了三个游戏阶段，从非社交活动阶段过渡到合作游戏的社交活动阶段，其中我也介绍了引导孩子共情的原则和合作游戏的规则。在这里我想再挑选出几个重要的社交技能，用连贯的方式分阶段地阐述它们，这些技能就像洋葱一样，从内核向外一层层地生长出去，每一层代表了一个层次的社交技能。

洋葱的最内核：理解他人的感受

无论孩子的气质、性格是什么类型，最重要的就是培养孩子对他人的同理心。家长应利用不同的场景，始终如一地示范和提醒孩子关注他人的感受和情感，并鼓励孩子把自己看到的他人的感受说出来。比如，在角色扮演中把小红帽的害怕讲出来；在阅读绘本和讲故事时，把故事角色遇到的困难复述出来；在与小朋友玩游戏的过程中，记得排队、轮流和照顾别人。

当孩子建立起最基本的同理心之后，就比较容易看到他人的感受和困难了，这时要教他试着去帮助别人。但是，这里的帮助只是做力所能及的事，如果遇到孩子自己做不了的事，就要去找大人来帮忙，这也算是帮助别人。如果孩子能在学龄前建立起助人为乐的观念，进入小学后，无论老师还是同学都会看重他这份闪光的能力，因为领导力的核心精神也是帮助他人。

家长可以利用家庭里的不同场景，经常让孩子伸出援手，在最后关头帮妈妈一把。比如，当妈妈把饭菜端上桌后，就可以喊孩子来摆个筷子、放个碗，给孩子一些简单易做、可视化的任务。同时，经常让孩子在家里练习传话的能力，比如妈妈的电脑出现问题了，让孩子去找爸爸来帮妈妈，这样的机会各式各样，隔三岔五地让孩子体验传话的能量，让他看到自己用语言也能帮别人解决问题。这些练习的核心就是让孩子内心自然生出帮助他人的念头，即使能力有限，也能参与进来。

洋葱第二层：沟通表达力

孩子进入幼儿园或小学后，遇到的第一大挑战就是怎么和别人互动。其实，互动就是沟通，孩子小的时候习惯用肢体、哭声来沟通，因此进入学校后就要练习采用语言沟通的新模式了。所以，家长要教会孩子流畅地运用沟通三步骤：先听老师或同学在说什么，再看他们脸上的表情是什么，然后做出行为的选择。如果不明白就要提问。这个三步骤就是引导孩子观察他人的情绪需要，然后才做出适当的反应。

刚进入集体的孩子，都还是会把注意点放在自己的感受上，还没学会观察他人，所以学习聆听很重要。和孩子玩角色扮演游戏是最好的聆听和观察练习。我的孩子从小学一年级开始演音乐剧，我认为这是高效练习聆听和观察的最好场景。还有参与竞技类的体育项目也是练习聆听和观察的好机会。提问就是在锻炼孩子思维能力的同时，教会孩子一项社交场合里的“突围”技巧。我在帮助大儿子准备考学面试时，就教他如何提问。后来他发现和成人在一起时，不知道说什么的时候，只要抛出一个好问题就可以成功为自己解围了。

洋葱第三层：冲突解决力

对大部分孩子来说都怕在交朋友过程中，受到同学的欺负或不平等对待，一旦这样的事发生多了，胆小的孩子会变得更加胆小，乐观的孩子也会变得悲观起来，因此父母要教会孩子使用自卫的“武器”。第一步，遇到不如意或不公平的事情时，要说出非常具体的感受，例如：“你太凶了。”“你踢到我了。”“你撞到我们了。”“我很伤心。”“你们这样做，对其他同学不公平。”一定要用具体的词语向对方传递非常明确的情绪信号。第二步，理性地提出自己的要求，如：“请你立即停止这样做。”“请你不要再推我。”“请你和我一起去见老师。”第三步，如果对方不做善意的改变，立即离开去找可以帮自己的人。这个自卫法对每个孩子都很重要，如果你的孩子经常对同学态度强硬，那么另一位同学采用这样的自卫法，就是在教你的孩子如何正确对待他人。

第一步，要和孩子不断重复演练一个动作，就是在说出自己的感受和提出要求时，要用眼睛看着对方，眼神不能躲避，不能低着头；第二步，和孩子一起练习说话的语调，不能太小声，也不能大喊大叫；第三步，离开时要坚决而果断，只要告诉对方“我们暂停一下”，无须多解释。训练时还要告诉孩子两个重要的信息：朋友越多，别人越不敢欺负你；你战胜对方一次，下一次他就要三思而行了。

洋葱第四层：融入团体的技巧

从小学高年级到高中阶段，交朋友始终是上学阶段的主旋律。我建议家长鼓励孩子尽量多地参加校内外的各项活动，孩子要发展出几项能力特长，这些特长在校园里或未来走上工作岗位后，都可能成为开展社交活动的角色“资本”。一般情况下我都建议孩子发展出一项兴趣能力，这项能力是可以拿来与他人互动、可展示的。这个能力不在于多么精湛，只要它能成为孩子与小伙伴交往过程中的一个亮点就可以了。记得小儿子上初中时，有一天他兴冲冲地给我看了一条很酷的视频，小儿子自豪地告诉我，他的两个同学一起创作了这个视频，一个同学变魔术，一个同学拍摄和剪辑视频，他们合作夺得了学校的一个创意大奖。当时小儿子的眼睛里流露出非常羡慕的神采，我想这两个同学靠一条视频应该收获了不少新朋友的关注吧。

融入一个小团体非常重要，会提升孩子的自我价值感和归属感。第一步，教孩子先观察这个小团体内部的形势，看看每个人的角色和能力分配；第二步，找到自己可以扮演的角色，然后非常友好地提出自己可以给予帮助。比如，大儿子高中阶段想加入校报编辑部，但是这个小团体在校园里被看作非常难进的一个学生俱乐部，因此我和孩子一起分析了当时编辑部内的现状，发现他们缺了一个摄影师，于是大儿子就从提供摄影服务开始融入，不知不觉中他成了团体的一分子。

洋葱第五层：交到志同道合的挚友

孩子进入初高中以后，对朋友的理解已经逐渐开始从玩过渡到友谊层面上去了。所以，一种兴趣、一项能力或一个特别的爱好就可以把趣味相同的孩子凝聚在一起。这时，父母要当心的就是关注孩子们交友的价值观和判断力，和孩子一起制定交友的原则，我在《学习的格局》里有专门的原则介绍。①

我始终建议家长拓宽孩子的交友圈，首先从学校拓出去，其次从家庭拓出去。拿什么拓呢？就是拿孩子的一个特长、爱好或者一项能力，去参加校外的社团，从那个团体里再结交新的朋友。比如，我的梦想就是把我们的亲子乐团办成一个孩子和家庭交朋友的能量圈。我在《父母的格局》里谈到过改变孩子的“第三种力量”，朋友的力量和影响对孩子来说绝对是最强大的。因此，寻找家庭周边的社团，不要只把眼光盯在补习班和兴趣班上，要为孩子找到交友、拓展两不误的好路径。

---

① 详见《学习的格局》第04章第五节《交友力：如何利用社交活动扩大孩子的学习半径？》。

小节结语

社会能力与学业能力一样重要，甚至在人生的某些阶段社会能力比学业能力更重要。在社会能力当中，融入团体 / 集体 / 社会的能力是一项贯穿一生的优质能力，所以家长需要改变“学会数理化走遍天下都不怕”的传统思维模式。如果孩子不具备良好的社会能力，他是无法迈开步子走遍天下的。最后，我还是希望提醒家长，不要拿孩子的气质和性格来说事，性格与社会能力不是一回事，不能把“内向的孩子”等同于“有问题的孩子”。在孩子早期发展阶段，性格还未定型，我们还有机会和时间来培养孩子正面的情绪和关怀他人的共情能力，通过良好的家庭关系和同伴关系来提升孩子的自我价值感和存在感。

第三节　心智的考验：沉迷屏幕的孩子会有未来吗？

那些自我意识还没有形成的儿童、自控力薄弱的青春期学生，过早地被暴露在人工算法、人工智能和游戏的虚拟世界里，在本该热衷于做户外活动的年龄里，被手机、平板电脑和电脑游戏抢先占领了大脑和眼球。我看过一个国外的短视频，讲了一个妈妈发现孩子在昏暗的房间里坐在电脑前打游戏，于是她走到窗前拉开了窗帘，让一缕阳光直直地洒到孩子的身上。可是，妈妈一转身发现孩子没了，他跑到了黑漆漆的阁楼上打手游。妈妈再次拉开了阁楼的窗帘，让屋外的阳光照射进来，可是孩子又溜到了地下室。这次妈妈无法再把阳光送进地下室了，于是愤怒的妈妈只能把所有的电子产品从阁楼的窗户扔了下来。这时，孩子终于从屋子里跑了出来，他抱着一个摔坏了的游戏机，坐在地上继续玩着……

我相信，这一幕场景在每个家长的心里都会引起震动。所以，我们不能等到孩子对电子屏幕上瘾之后才来干预。

是什么把孩子赶入屏幕世界？

孩子沉迷屏幕已蔚然成风，家长几乎到了完全没辙的地步。我看着长大的小张同学，他从还不会用手指摸键盘的婴儿时代，就已经看着爸爸嗒嗒地在电脑前打游戏了。小张妈妈告诉我她的先生是公婆家唯一的男孩，所以平时上完班回到家不做家务，也没意识陪伴孩子，平时像一个大孩子那样只知道坐在电脑前打游戏。等儿子稍大一点，他直接把儿子抱在腿上打游戏。到了孩子小学四年级时，小张妈妈曾来找过我说："黄老师，我家儿子什么都好，就是打游戏上瘾，不肯写作业，怎么办？"我给小张妈妈出了一个解决方案：让爸爸带头"戒瘾"，给孩子树立一个榜样，同时增加一家人在一起的不"插电"时光。可是过了一周小张妈妈又告诉我，小张爸爸拒绝"戒瘾"，因此让爸爸带头不玩游戏的方案没通过。四年过去了，这父子俩继续在虚拟世界里"冲浪"，每次小张妈妈碰到我都会唉声叹气，我却爱莫能助。

小张跟着父亲打了十来年的游戏，这让我们看到了一个空洞无比的家庭生活全景，可以想象一家人的业余生活基本是围绕着一部手机和一台电脑展开的，家庭的精神生活基本被虚拟世界里的即时娱乐完全替代了。孩子看到的更多的是游戏里的虚拟人物，而不是父亲的笑容，因此真实的情感交流在这个家庭里消失了。所以，有一天小张妈妈哭着对儿子说："你去叫电脑爸爸吧！"妈妈的无奈感和孩子的无力感都是从爸爸拒绝改变开始的。

小林是一位大学三年级的学生。他 4 岁过生日时收到了一个小小的电子游戏机，开始被小小的屏幕后面的世界吸引了进去。当时父母也觉得这个小玩意儿不错，可以让孩子安静下来，也就没有多注意。进入小学之后，孩子玩游戏的水平越来越高，由于小林同学天资聪颖，考试成绩从来都是名列前茅，所以父母总会拿各种游戏当奖励，直接告诉儿子："只要你考得好，我们保你有打不完的游戏！"果然孩子没有辜负家长的殷切希望，考上了一所美国名牌大学。没想到入学后，他便主动"失联"了。我受小林父母之托与他通了一次话，结果他告诉我自己一切都很好，就是觉得和父母没啥聊的，希望大学毕业后直接去读研，主修游戏编程，不想再回来与父母同城了。

从表面上看，小林同学发展得很好，考上了美国名校，达成了父母的愿望。可是面对儿子不愿沟通的窘况，家长提出："我们情愿养你，也不要你继续读大学了。"有没有发现时间像是一把杀猪刀，刻画出来的不仅仅是父母脸上的皱纹，还有孩子与父母之间的距离。

看起来小林和小张的原生家庭互不相同，但其实两家人都具有一个极其相似的家庭"基因"，那就是家长对屏幕世界不但没有危机感，甚至还有美好感。比如家长觉得看点动画片、做点益智游戏有助于孩子的早期学习和智力开发，因此两家孩子都从很小就开始"触电"了。而小林的父母更发展出一个自己的养育特色：他们觉得只要把成绩搞上去，玩点游戏、投点钱在游戏装备上没什么大不了的。可是让小林父母始料不及的是，虽然孩子考上了大学，但是拿游戏作为奖励换来的好"成果"，最后让家庭付出了更大的代价，导致亲情淡漠，家庭失去了最基本的情感维系。

以上两个案例都指向了同一个方向，就是让孩子沉迷屏幕的"元凶"不是游戏本身，而是家长自己；而且遭受更严重伤害的还不是家庭和父母，是孩子本人。当孩子习惯了在游戏世界里消耗时间后，他对身边一切事物的感受就变了。现实生活就像一个无精打采的世界，无趣、无味、无色；只要一进入虚拟世界，孩子的精神立刻饱满起来。这时，在孩子成长早期犯了大错的家长突然醒悟过来，希望通过管教来给孩子“戒瘾”。比如，把孩子的手机藏起来、没收掉，以为只要没了手机孩子就会自觉地读书、做作业，变得勤奋起来。可是这样的好事，会按着家长的意志如期而至吗？

我在春节假期偶遇了闺密，我们俩约好了第二天一起玩。可是第二天我始终联系不到她，直到傍晚 5 点时分闺密发来了短信，原来那天早上她和孩子约好谁都不碰手机，出门前她还把两个人的手机都放进了保险箱。没想到等她中午回来后，却发现保险箱打不开了，原因是她走后孩子试图破译密码，引得防盗锁自动开启。无奈之下酒店人员建议朋友等 5 小时，等防盗锁自动解除后再输入密码开锁。见面后闺密告诉我，后来她发现虽然没了手机，但儿子又拿出了电脑，一如既往地在电脑上打他想打的游戏。

就这么一件小事为我们揭示了一个养育的大道理：打游戏、沉迷屏幕世界都只是孩子的行为表象，其本质是孩子在现实世界里没有找到更有乐趣、更有意义的事情去做。想要改变现状，唯有从生活的每一天中去做改变。

重建家庭“基因”，打造强大的“第一我”

随着网络信息化时代的到来，很多对我们生活起着关键作用的因素，恰恰不在客观现实里了。可移动的小屏幕绑架了我们的注意力，还轻而易举地用强大的网络把我们的生活也紧紧地包裹起来，我们买什么、吃什么、读什么都被人工智能和大数据牢牢地控制住了，比如今天我在某个平台上买了一本书，接下来我的手机里就被塞满相近主题的书的信息。这样的日子让我们每个人都拥有了两个自己，一个是“第一我”，就是原本的那个活在现实生活里的自己；另一个是“第二我”，就是由大数据和人工智能造出来的隐形的“我”。当“第一我”的大脑像被催眠一样，混混沌沌地掉进了信息坑、游戏坑、视频坑等屏幕世界后，那个隐形的“第二我”就会变得越来越强大，强大到可以反过来支配现实世界里的那个真实的我。美国电影《头号玩家》就把这个真实与虚拟世界之间的矛盾刻画得淋漓尽致，在影片里有很多“知识贫民”（只贪恋短暂快乐）大规模地滞留在虚拟世界里无法逃脱，因为他们的“第一我”失去了自我觉察的力量，被“第二我”吞噬掉了。这群“知识贫民”中最庞大的人群就是未成年人，他们成为网络算法、人工智能和游戏的副产品，渐渐失去了对自我的控制力和判断力。

这让我想起 Dubit 机构对儿童及青少年网络使用习惯做的跟踪研究。Dubit 是英国一家致力于儿童产品研究和发展的机构，它的研究发现了两个重要的数据：第一，约在孩子 7 岁时，互联网的影响开始超过家长对孩子的影响；第二，到了 11 岁左右，网络媒体对孩子的影响开始占据绝对主导地位，其影响完全超出了朋友和父母对孩子的影响。这个研究敦促我们有必要在孩子从家长的影响范围内“突围”出去前，为孩子做好迎战屏幕世界的认知和心理准备，避免让他沦为“知识贫民”，滞留在虚拟世界里无法成长和发展。

这个准备应该是什么呢？我按时间做了一个阶段性的规划。第一阶段在孩子 7 岁前，我们要努力地为孩子建立起强大的兴趣矩阵，用优质的家庭活动和丰富的亲子时光，牢牢地占领孩子的闲暇时间，尽一切可能地推迟孩子“触电”的年龄；第二阶段在孩子 7~11 岁，我们需要继续深挖孩子的兴趣，在拓展业余爱好的同时，提升孩子的自控力和判断力，比如规定使用电子产品的时间、频率和内容，给予孩子练习时间管理的机会，学习自主判断什么该做，什么不该做。这样等孩子进入青春期早期，也就是 11 岁左右，他已拥有良好的自律习惯，以及若干个可以自得其乐的优质兴趣和爱好。

那么，如何形成一个原生家庭的不插电“基因”呢？我们不能一味地用抽象的、有压力的学习去抗衡虚拟世界里五花八门的通关所带来的即时快乐感。首先，我们需要严选、严控原生家庭里的生活和娱乐环境，最重要的是不给孩子低能量的物质奖励。比如，考了 100 分，周末全家吃大餐、过生日送漂亮礼物、春节拿大红包等。我看到过一对母子在机场大吵，妈妈说：“我已经给你买游戏了，你怎么还不听话，还不开始读书呢？”没想到男孩回了一句：“这么简单的游戏，不好玩！重新买一个难的。”这就是即时“快乐”消耗品带给孩子的后遗症，让他把一个显然比学习更低的目标当作驱动学习的动力，更误导他以为自己不学习是因为家长没有给他买游戏。

那么什么样的事情可以在家庭中抗衡“插电”娱乐呢？我在多纳塔·艾申波茜博士所著的《童年清单》一书里，读到了一个德国儿童在 7 岁时应该做的生活清单。我从这份堪称儿童的认知世界地图里，从长长的清单里，挑出了 4 个类别 13 个活动，作为我们的家庭活动参考。

表 3-1 家庭活动清单

参与实践类 会做 4 件家务 学会浇花 学会给 3 种小动物喂食 会看所住城市的地图	**自然教育和科学探索类** 走过 1 次夜路 从望远镜中看过星空，并认识星座 认识几种树叶，知道什么植物能吃、什么植物不能吃
阅读与讨论类 去过书店和博物馆 曾经与大人讨论过生命起源 体验过自己的重要性（被他人评价）	**音乐及互动游戏类** 会变 1~2 个小魔术 会唱 3 首歌，包括 1 首外语歌 曾用一个乐器演奏过 1 个作品

这些事项需要孩子与父母在一个不“插电”的环境里共同付出时间，共同做出改变，比如打游戏的父亲需要“戒瘾”，容易烦躁的母亲需要“戒脾气”，一家人要让时间慢下来，把生活里的闲暇时间变得充实起来。因此，我为这样的家庭好“基因”总结了三个原则：第一，孩子的生活中不能只有游戏或学习，这不利于孩子身心平衡发展；第二，孩子的生活里不能只有物质，而没有精神，这会让孩子感受不到生活的乐趣；第三，家长不能只重视孩子的智力发育，而忽视性格教育，等到性格慢慢成型，出现了问题后再想干预和纠正就难了。孩子就像一棵树，家长是孩子的阳光，当孩子面向天空迎着阳光时，就知道自己该向哪儿生长；但如果家长早早缺席，孩子的“第二我”便会提早占位，把孩子带领到“知识贫民窟”中，滞留在“杀时间”的虚拟游戏里，让孩子失去目标和方向。

在我们的乐团里，我看到过感人的一幕。一个妈妈不会拉二胡，但是为了支持女儿参加演出，她主动要求上台和女儿坐在一起。一场音乐会近 2 个小时，这个妈妈始终面带微笑，双手保持着一个拉弦的动作。演出结束后，女儿感动地抱着妈妈说："妈妈，你真棒！"还有一个 10 岁的小钢琴手，她的母亲以前在大学里曾是学生乐团的小提琴手。妈妈自告奋勇地说："我也可以来参加乐团排练。"于是排练的第一天我们安排这个妈妈坐在女儿弹的钢琴的前方，没想到女儿雀跃地对着队友们大喊："她是我妈妈，她是我妈妈！"排练结束后，小女孩跑过来告诉我："黄老师，昨天晚上我在家练钢琴，为了不打扰我，妈妈跑到外边公园里去练小提琴了。"我想，在这样的家庭里长大的孩子，家长会较少为孩子上网、打游戏而烦恼。因此，在青春期到来之前，家长有质量地陪伴孩子，为生活扩扩容，让日子变得丰富一点、多彩一点，就可以有效减少孩子染上网瘾的机会，并大大延后孩子"触电"的时间。

抵御屏幕吸引力，靠的是内心的目标感

我的小儿子不打游戏，每天按着自己的时间表在运转，不需要我多说一句督促的话，总是自信满满地在晚饭的饭桌上和我聊他的一天，有时是反思自己没做好的事，有时是讲述同学们的错误行为对自己的启发。我们母子之间的聊天并不避讳谈论犯错，无论是谁犯的错，我们都会拿来分析，我们甚至一起讨论过孩子爸爸曾犯过的错。回看这一年我为孩子做的最多的事，就是为他引荐成人朋友，让他体会即将到来的成人世界里的一些规则、观念和美好的事物，最重要的是让他看到人长大

后到底需要什么样的能力和性格，引导他提前思考自己的未来，让他对未知的人、事、物充满了憧憬。

关于打游戏，两天前的晚上，我对他做了一次“采访”，以下是我们的对话记录：

妈妈：你为何不打游戏？

Sean：妈妈，我还有比打游戏更重要的事情要做！

妈妈：你说的更重要的事情是什么？

Sean：我觉得理想很重要，交朋友很重要，学业很重要，跟家里的人待在一起聊天很重要。我觉得打游戏是对自己不好，有点像虐待自己的行为，打赢了也不能证明自己有多好，打输了会让自己的情绪变坏，还会觉得该做的事情都没有做。

妈妈：那么你觉得怎么可以告诫同学不打游戏？

Sean：我觉得首先要找到自己在生活中的乐趣，然后要看明白自己的努力得来的价值，其实比游戏带给自己的要高得多！如果实在找不到价值和目标，那也要给自己做一个打游戏的原则、规矩和学习规划，打游戏的前提是不能打到伤害自己的地步，也就是要把学业放在游戏之前。我的一个同学也打游戏，但是他选择了那种“傻傻的”游戏，就是不会太上瘾、随时可以停下来的游戏，而且他的学习很好，因为他的时间安排得很好，我从来没看到他因为睡眠不足而在学校上课时表现出情绪低落。

妈妈：你会给打游戏的同学提一个什么样的建议？

Sean：优选你的网络娱乐项目，优质的电影和纪录片比短视频好，短视频比游戏好。任何一种不能给你带来优质内容的娱乐，都不是好的娱乐，因为它们不会留下长期影响，不会给自己留下任何有意义的痕迹。

从与孩子的对话里，我得出了一个重要结论，就是对青少年反复讲道理是行不通的，比如“你要好好学习考上大学，然后找到一份好工作”等。相反我们要从感性层面出发来与他们交流，看到他们的生活里缺失的到底是什么样的乐趣，孩子是有思辨能力的，只是我们暂时还没有能力来为他们开启这扇理性的大门。我们尤其要避免“堵截”的强硬做法。比如，对孩子发火，扔手机，删软件，看到孩子打游戏，家长立马发脾气，可是又不知道从哪里切入，拿不出实际可行的方案让孩子远离游戏。我曾看到一个报道说，一个父亲看到孩子在玩手机，实在忍无可忍直接抢了手机就往窗外一扔，没想到孩子直接就跟着手机往窗外跳了出去。这个突发事件听起来很荒唐，像是小说里的情节，但它真实发生了。仔细分析一下形势，不难发现父子俩与手机的关系已有天壤之别了：孩子爱死了手机，生活在手机的世界里；而父亲恨死了手机，认为是手机夺走了孩子。

因此，避免父母与孩子直接厮杀的有效办法就是“疏导”，去占据他的思想，对他的内在需求下功夫。大儿子在高中时期沉迷游戏，最大的原因是对学习缺乏安全感，所以需要一个精神“避难所”。我就先从“网瘾”的根部来找“解毒”的方法，就是利用他的兴趣特长和能力强项来提升他的自信心，占据他的业余时间，激励他与游戏做艰难的“拉锯战”。比如，从他的摄影兴趣中发展出摄影记者的特长，让他奔走在校园里，忙得没时间打游戏；从他击剑的兴趣里发展出领导力，通过带领同学组建学校击剑队来交朋友、展现对集体的责任感。一个对团队负责的孩子很难再让自己回到网络游戏里，沉浸在一个人的世界里。

因此，如果孩子在初中之后已沉迷在网络世界里，那么父母能否帮助孩子找到一个自我发展的中长期目标，就显得极其重要了。有一位当了爸爸的 80 后职业人，在回顾自己打游戏的成长经历后说，孩子打游戏不是问题的本质，最大的问题是家长不知道与孩子聊未来，聊职业目标，建立个人爱好。这位父亲从小就迷上了游戏，看着别人去网吧打游戏而自己没钱打，暗暗在心里立下了一个目标，就是“赚钱打游戏”。他从初中开始积攒零花钱打了三年游戏，初三意识到如果不好好念书就无法考入高中和大学，那就无法完成自己立下的“赚钱打游戏”的目标了。等到了报大学志愿时，苦于家长没给任何指导，他只能自己摸索，幸运的是在专业选项上看到了“计算机”三个字，直觉告诉他这可能是自己感兴趣的专业。最后他考上了大学，学了计算机专业。作为一位新手爸爸，他一针见血地说：“我完全靠自己摸索出一个‘赚钱打游戏’的人生目标，虽然这个错误的思路歪打正着地引导我完成了学业，但是这一路上付出的代价可想而知。”他还表示接下来自己不会强迫孩子做什么、不做什么，但是一定要帮助孩子找到学习目标。

这两个活生生的例子都指向一个问题，就是父母对孩子人生观的引导对青春期陷入迷茫的孩子尤其重要。我们尤其要理解，打游戏只是孩子不爱学习的表征，深层原因是孩子的目标感缺失。大部分孩子在四年级时会出现学业成绩的分水岭。如果孩子在学业上遇到挑战，因成绩落后而经常被父母贬损、打压或强制补习，那么他就更容易为了逃避而进入网络世界里，借助打游戏来暂时忘却和逃离不如意的现实。因此家长要从这个源头做起，与孩子一起建设更丰富的内在精神世界，建立更强大的外在家庭连接，多和孩子聊他的兴趣、爱好和追求的理想世界。

小节结语

对 7 岁以前的儿童来说，他们更需要父母花时间陪伴，在丰富的闲暇活动里孵化出自己的娱乐品味、兴趣特长和对网络世界的使用规则。对 11 岁之后的孩子来说，他们更需要在学习、交友、未来目标和自我价值感方面获得家长的认同和指导，孩子需要在与父母的良性互动中找到自我的存在感。因此，解决孩子打游戏的根部问题，就是要追溯到孩子的童年时光，从源头打造孩子内在世界里的强大自我。

第04章

时间的智慧

让孩子学会自主掌控时间

有个5岁的男孩名字叫Oscar，他就是《父母的格局》封面上那位趴在我腿上的小暖男。有一天他和妈妈要出门去参加活动，妈妈看到他在慢吞吞地收拾自己的东西，便对他说：“小同学，我们要快点啦！否则你会迟到的。”没想到小暖男抬起头对妈妈说了这么一句意味深长的话：“妈妈，迟到是你的事情，不是我的事情。”Oscar的妈妈是一位钻研美育的家长，她把这个小插曲告诉了我，并说：“Jane，我觉得Oscar讲得对，我们做父母的以为孩子是知道时间的，因此不停地催他们，但其实他们只知道妈妈说的时间数字，并不了解时间对他们究竟意味着什么。”

就是这么一段母子俩的对话启发了我，让我开始琢磨怎么才能把家长脑子里的时间概念传递给孩子，又怎么能带领家长用快乐的、可视化的方法在日常生活中教孩子看见时间、认识时间，最后让孩子拥有自主的时间。我把这个父母教孩子学习时间管理的漫长过程分为三个阶段：第一阶段发生在婴幼儿时期，通过孩子内心对作息时间和生活中昼夜变化的感受，为孩子输入早期的时间概念；第二阶段从小学开始，在日常生活和学习中重点发展孩子的执行技能，引导孩子为自己的学习和课余活动做时间规划；第三阶段从初中开始，鼓励孩子为自己的学习设定短期和中长期目标，并养成咬定目标不放松的目标管理能力，家长做到逐步放手，让孩子逐步从他律走向自律。

第一节　输入时间概念：帮孩子建立内在的秩序

跟孩子的时间争夺战，总是让我们头疼不已。早上不能按时起床，晚上不愿意按时睡觉，凡事磨蹭拖拉，全靠家长提醒；答应好的事情总是出尔反尔，到点手头的事儿却不肯停……表面看似“不听话”的行为表现，其实也是矛盾型育儿的后果。一方面，家长认为低龄孩子什么都不懂，因此家长把什么都给安排好了，让孩子操心自己的事；另一方面，家长又责怪孩子没有时间观念，不自觉、不自律，等等。

靠催促和唠叨是无法为孩子建立起时间概念的，要想帮孩子认知抽象的时间，养成守时的习惯，家长首先要了解，孩子是如何感知时间的。

感知时间：当“先天生物钟”遇上“后天秩序感”

时间是一种看不见的、抽象的，也无法触摸的特殊东西，它没有开始和结束，似乎永远都在我们身边流动着。因此，即使父母本身也不一定能对时间做出很好的估计和判断，所以我们自己也会经常迟到、拖延，甚至无法从深夜的追剧情绪中摆脱出来。那么，时间到底是怎么一点一点地“长进”人类大脑的呢？那我们要从孩子的婴儿期开始说起。

当孩子 1 个月大时，就开始逐步适应这个新世界、新环境了。比如，小婴儿每隔 2~3 小时会自己醒来接受妈妈的哺乳，到了时间点不睡觉就会闹情绪。其实，这些生理变化就是婴幼儿对自然时间的一种条件反应，这也被称为“生物钟效应”，是人类与生俱来的对周遭环境的洞察力和生存本能。换言之，人类依靠自身的生物钟，完成了对时间的最早感知。这只看不见的“生物钟”，就是从孩子内在世界里长出来的一个天然的“时钟”，它会掌控孩子的起居作息、生活和学习，甚至影响一个人未来的工作和职业生涯。

美国著名教育家和心理学家丹尼尔·西格尔在《全脑教养法》中曾告诉我们，孩子 3 岁前不具备时间观念。他说：“在儿童的成长过程中，尤其是 3 岁以前，右脑占据主导地位。儿童还没有掌握用逻辑和文字来表达感受的能力，完全活在当下。逻辑、责任以及时间观念，对他们来说还不存在。”

由此可见，虽然孩子一出生就有生物钟来帮助他们传递自身的需求，但是在 0~3 岁阶段婴幼儿对自我与时间的关系始终处在模糊不清的初始状态，还没法用语言来交流自己对时间的感知。记得在我大儿子小的时候，我和先生经常需要出差。在国际时差的作用下，大儿子的情绪和脾气变得非常暴躁，时常连续大哭好几个小时，其实他是在用自己的方式抗议爸爸妈妈对他的生物钟动了手脚，通过本能地哭喊来警示父母“你们对我做错事了”。经过那个事件之后，我们决定在孩子 3 岁前，尽量不带他进行跨时区的国际长途旅行，并采取顺应孩子内在生物钟的方法来安排和管理他的吃、喝、拉、撒、睡和玩的时间。

此外，忽略孩子内在生物钟效应还会引起一个更严重的后果，就是导致孩子在下意识里形成对时间的一种无序感；在无序的时间里待久了，孩子的生物钟也开始变得不敏感起来，于是最宝贵的内在秩序感被扰乱了。因此，父母要做的就是成为孩子感知时间的引导者，我们不仅要顺应孩子内在的“时钟”，还要把客观世界里的时间秩序不知不觉地输入孩子的大脑。

我办公室里有一位同事半年前生下了一个可爱的孩子，这个新手妈妈在大学里学的是早期教育专业，因此非常在意给孩子建立早期的秩序感。在每次喂奶前，她都会轻轻地对孩子说：“宝贝，妈妈先跟你打个招呼，然后给你喂奶，喝完奶休息一下，轮到爸爸给你洗澡哟。”这样一句看似平常的话却充满了行为秩序的仪式感，每一次这样的提醒都会让孩子在潜移默化中积累起时间秩序的信息。比如，孩子喝完奶之后，会自然地等待着爸爸来为自己洗澡。如果有一天喝完奶没有洗澡，孩子会感到不舒服，甚至会用哭闹来抗议，这就是有智慧的妈妈在“先天生物钟”上又叠加了一个“后天秩序感”，这两者相加就会产生较好的引导效果。

等孩子稍大之后，尤其在进入幼儿园前后，我们要抓住每天的活动机会，与孩子进行与时间秩序相关的对话。比如，到了下午出门去公园玩前，妈妈可以这样说：“宝贝，我们现在在穿鞋，穿好鞋系好鞋带后，我们就要出门，到外面去了。记得拉着我的手，我们一起过马路，到对面的公园里去，我们可以玩半个小时哟。”我们仔细来分析一下这句话，它传递出许多关于时间秩序的重要信息：出门前要先穿鞋、系好鞋带、拉好妈妈的手、过马路……等到孩子边走边经历妈妈刚刚为自己讲述的事情后，就很容易在脑子里记下去公园玩的时间秩序了。虽然此时孩子对“玩半个小时”这句话还不能精确地理解，但他对每天同样的时间发生同样的事情却很期待了。如果有一天因为天气原因需要改变活动计划，我们不要忘了为孩子做好与时间秩序相关的解释：“宝贝，今天下雨了，所以我们不能去公园了。我们等明天吧，天好了再去玩沙子，好吗？”用连贯、线型的方式来讲述事情，就能引导孩子在“秩序概念”中一点一点地理解真实世界里的“时间概念”了，于是孩子潜移默化地感知到了时间是真实存在的，时间与自己是有关系的。慢慢地时间就好像孩子手中玩的沙粒，会在孩子的大脑里积少成多，最后使孩子形成良好的时间感知能力。

说出时间：使用时间词汇，是掌控时间的开始

孩子在 2~3 岁阶段，对时间的认知还局限在与自己相关的事件和活动里，就是说孩子只能通过亲身经历来关联时间概念，还不具备把空间与时间分开的能力，也就是孩子需要在现实的空间里感受时间。举个例子，孩子每天下午去公园玩，虽然他说不出去公园的确切时间，但是他分明记得睡完午觉后就可以去公园了；晚上，孩子喜欢听妈妈讲故事，虽然他说不出几点钟可以听故事，但他非常明确地记得自己洗完澡后就可以听妈妈读绘本了。所以，在这个阶段父母需要避免过早地使用成人化的钟点数字来和孩子谈时间。

我的方法是把日常的生活切分成一个一个活动的时间段，按活动+时间的方式为每一段时间起名字。比如，我的孩子喜欢玩水，每天晚上都特别期待洗澡时间，所以我们就把洗澡叫作“玩水时间”；他还特别爱听外婆讲故事，那么就是“外婆讲故事时间”。因此，孩子一天的时间被一个个活动的时间自然地串联在一起，对此孩子既容易理解又觉得有秩序感。每天晚上我都会重复提醒：“宝贝，玩水时间到了。玩完水，就到了故事时间啦。听完故事就是告别时间啦。”我还会时不时地反问一下孩子：“现在到什么时间啦？”孩子自然会说“游戏时间”“午睡时间”“吃饭时间”等。由于这些活动都是真实发生的，他便能理解时间对他的实际存在意义了，我把这个过程称为带领孩子“看见时间”。

经过了“看见时间”的格式化的活动体验，接下来我们就要开始引导孩子掌握与时间有关的词汇了，因为这是培养孩子自主时间意识的开始。这里有一个有趣的现象：当学龄前儿童被问到时间的具体单位/名称时，大部分孩子会“犯傻”。我在和《时间的格局》的主编老师聊书稿时，她无意中告诉我她的女儿在4~5岁时经常会说一些让她觉得很摸不着头脑的话。例如，女儿会说：“妈妈，我们昨天去动物园，好吗？”“妈妈，现在是上午还是下午啊？”“妈妈，上个星期六就是我的生日了，你能不能给我买个恐龙玩具？”从这些与时间相关的词汇里，我们听得出女孩对时间已经有了很好的认知，已经会使用上午、下午、昨天和星期六这些典型的时间词汇了。但她在使用这些时间词汇时会“颠三倒四”地表达时间的顺序。

对这样的现象，早期教育研究者为我们做了专业的解释：虽然孩子的时间概念发展大都跟不上他们对时间词汇的掌握速度，但学习使用时间词汇却能增进他们的时间概念。[①] 这段分析告诉我们，孩子的时间词汇发展得很快，家长在孩子面前使用的时间词汇越多，孩子就越会使用时间词汇，这对加强孩子的时间概念大有帮助。虽然主编老师的女儿把“昨天”当作“明天”来用，但是在与妈妈的对话中女孩慢慢会调整自己对时间表述的准确性。

研究人员对安徽师范大学附属幼儿园和托儿所5岁以前的儿童做了一个追踪调研，结果发现儿童首先习得的是“今天”，然后以“今天”为基础，一方面，将当日之内的各个时段细化，先后习得“早上”“晚上”“中午”“下午”；另一方面，向前后时间方向延伸，先后习得“昨天”和“明天”。这一习得机制称为以“今天”为中心的分步扩散模式。[②]

这个“分步扩散模式”对家长很有指导意义，父母也可以按这样的训练顺序，先用“今天”来和孩子展开时间词汇的练习。

步骤一：先搞懂“今天”。因为孩子活在当下，他最容易理解“今天”发生的事。一旦明白了“今天”的概念，我们就可以用早上、上午、中午、下午和晚上的时间段来介绍活动了。比如，“读书时间”是在上午，“午饭时间”是在中午，“公园时间”是在下午，“故事时间”是在晚上，等等，这样来解释就可以引导孩子把活动的时间段与时间词汇对应起来使用了。

步骤二：扩展到“昨天”。当孩子对“今天”以及围绕今天的所有时间段的词汇掌握得不错之后，我们就可以继续往下练习“昨天”的

---

① 资料来源：兰晓雁，论文《教会孩子与时间相约》，《启蒙（0~3岁）》期刊，2007年。
② 资料来源：孔令达，论文《儿童对两组时间词的习得》，《安徽师范大学学报（人文社会科学版）》期刊，2007年。

概念了。这里需要提醒的是，最好使用孩子在昨天所真实经历过的一件事，来唤醒他对已经过去的时空里的真实记忆。比如，昨天妈妈和孩子一起去动物园看了大熊猫，因此今天妈妈可以和孩子聊一下“我们是什么时候去看大熊猫的”问题，引导孩子把“昨天”与大熊猫联系起来。

步骤三：扩展到“明天”。与“昨天”同理，用现实中的事件来和孩子聊“明天”。这个概念比较好体现，因为我们可以引导孩子把想做的事说出来，然后形象地告诉他要等明天来完成这件事，而明天就是睡一觉醒来后的那天。

除了孩子亲身经历的事件外，我们还可以借助大自然与周围环境的变化，来启迪孩子观察春、夏、秋、冬四季的更替变换。比如，冬天会下雪，春天会打春雷，夏天有知了或者青蛙叫，秋天有落叶，等等。为了让孩子触摸到自然的变化，我时常和孩子一起按季节的变化来做主题手工作品。比如，到了春天，我们一起观察桑叶，然后在白纸上画出桑叶，用棉花球做出蚕宝宝吃桑叶的手工作品；到了夏天，我们用葵花子做向日葵，一副生机勃勃的景象；到了秋天，我们去观察红枫，然后用环保纸和捡来的树叶做成秋日枫树；到了冬天，我们就用家里的纸杯做雪人……在剪剪画画中，我和孩子们积累起许多手工作品，我给它们取了一个奇妙的名字，叫“四季大发现”（图 4-1）。

在小学一年级前，我们应该多花时间做好两件事：第一，引领孩子体验每一天时间带给自己的不同感受，并时常把自己做过的事用时间词汇清晰地表述出来；第二，和孩子一起去观察时间带来的各种自然界的变化，形象而立体地感知时间的流逝。

春 · 蚕宝宝

夏 · 向日葵

秋 · 秋日枫树

冬 · 雪人

图 4-1　四季大发现

画出时间：学会为一天的活动排序

当孩子有能力把时间与自己的生活关联在一起时，我们就要开始手把手地教他们做一天的日程规划了，以此养成按规划做事的好习惯。从前面的内容中，我们了解到孩子对亲身经历的事情会自然产生一种时间秩序感，所以大人应该多用“边说边做”的方式为孩子建立和加强工作记忆，助力孩子养成时间概念。

那什么是孩子的工作记忆呢？就是孩子在执行某个任务时，把曾经听到的、看到的信息记在脑子里的能力。假设孩子在0~3岁阶段一直听着、看着、体验着父母为自己示范的做事秩序，例如先洗澡后听故事、先穿鞋后出门、先刷牙后上床这样的信息，孩子到了4岁后对时间顺序的工作记忆就会非常清晰。这时无须家长多催促，他就能够按照事情发生的先后顺序来做事了，这是训练孩子做事有条理的一个良好开始。

然而，即使孩子对父母的口头指令具有良好的工作记忆，他也不能总是等着家长来发号施令，因此还是要有规律地记忆每天什么时候该做什么活动。很多家长一上来就帮孩子做了一个精准的时间表，然后指着左边的时间讲右边的活动，这样的引导模式对7岁以前的孩子来说太抽象又无趣，而且孩子在学龄前阶段认字和认数能力都还非常有限，书写能力也没发展起来。因此，我认为应该用更有趣的方法来教孩子做一天的时间表。我发现孩子进入4岁后开始了涂涂画画的敏感期，他们很喜欢把自己看到的、想到的事物画出来。因此，我开始教孩子把一天里的活动用涂鸦的方式表现出来。

记得大儿子小的时候，我经常带他吃比萨，我总要拿把刀从比萨饼的圆心向外规则地切开比萨。后来他在纽约上学后会时不时地从学校带回来被画得五彩斑斓的纸盘，他指着纸盘对我说这是时间“比萨饼”，原来老师让孩子们在纸盘做的“比萨饼”上标出一些活动项目和相对应的时间段。受此启发，在小儿子5~6岁的时候我们俩也开始画“比萨饼”。我们把周末一天的活动全部分区域画在“比萨饼”上，再写上时间刻度就做成了一张“时间饼”了。虽然有时候孩子会画很久，但是我发现当孩子涂鸦时，他的大脑在规划活动，同时他也在“看见时间”，因此让孩子在“时间饼”上花点时间是值得的。小儿子曾经告诉过我他的切身感受，他说：“妈妈，只要我闭上眼睛，就能看到‘比萨饼’上的活动时间啦。”

随着孩子的成长，他们创作的“时间饼”也会越来越复杂，总的来说可以分为三个阶段，这也正是孩子练习时间规划的三个发展阶段。

阶段一：练习初步规划。在“时间饼”上画出睡觉和三次用餐的时间，这是在引导孩子先认识一天中的四大时间区域，帮助建立和巩固生物钟带给孩子的内在秩序感。

阶段二：增加练习难度。在“时间饼”上画出一天中其他的活动时间，引导孩子关注一天中更细化的时间分配，比如逛公园时间，看动画片时间，读绘本时间，洗澡时间，等等，帮助建立和巩固孩子的外在秩序感。

阶段三：实现自主规划。这是一个循序渐进的过程，等孩子具备了把自己的活动与时间相对应起来的能力后，他就能在空白的“时间饼”上自主地标出时间刻度，并为每一个时间段分配好各项活动任务了。这个涂鸦“时间饼”的过程为孩子未来学习做每日惯例表打好了基础。

坚持鼓励孩子涂鸦“时间饼”，可以提高三方面的能力。

时间观念：把抽象的时间概念具象化，让孩子找到自己与时间的关联度。

时间顺序：通过画图、标时间和写内容，加深对一天中每项活动的记忆，孩子看着图就可以随时找到什么时间应该做什么事；做完了这件事，接下来应该做哪一件事。

▼**第 1 阶段**

建立内在秩序

画出一天中吃饭与睡觉的时间

▼**第 2 阶段**

建立外在秩序

画出一天中学习与活动的时间

▼**第 3 阶段**

规划时间习惯

自主规划一天全部的时间

图 4-2　时间饼

时间规划：孩子用喜欢的涂鸦方式养成自主规划时间的好习惯。

为上小学做准备：学会监控写作业时间

前段时间我的公众号后台收到一位焦虑的妈妈的私信，她说孩子刚进入小学，因为纪律问题被老师批评、罚站，她跟孩子聊天、讨论解决方案，但改变却没有那么快发生，孩子甚至产生了退学的想法。这个妈妈还说自己没有为孩子做过幼小衔接的能力和习惯的培训，所以现在遇到了大麻烦。相信碰到类似情况的妈妈应该还不少。这个孩子似乎遇到了纪律问题，但其实就是孩子不适应小学的规章制度，无法在对的时间里选择做对的事情，出现了不遵守时间和行为规范的问题。

这就是典型的“坡度反应”，也就是孩子刚进入小学时会变得更拖拉。其主要原因是幼儿园与小学属于两个不同性质的教育阶段，上幼儿园时孩子被家长和老师无微不至地照顾着，可是一旦进入小学，孩子立马被要求自我管理时间，在意识和行为上都跟不上老师的新要求。

对于解决入学前期的一系列“坡度反应”，研究人员建议：在幼小衔接阶段，引导孩子感知时间长度，帮助他们认识时间的真正意义，形成遵守时间、守时惜时、做事有计划的良好习惯，这对于减少孩子入小学时的“坡度反应”和促使幼小衔接的顺利过渡有着重要的意义。[①]从这段分析中我们看出了解决幼小衔接的一个核心点，就是要提升孩子对

① 资料来源：尹贵珍，论文《幼小衔接阶段幼儿时间观念的培养策略》，《学园》期刊，2018 年。

时间的认知和对时间长度的初步掌控感，教会孩子规划写作业的时间，建立起初步的自我管理能力。

那我们怎么用有趣而高效的方式让孩子看到时间的长度，从而帮助他提升自我掌控和自我管理的能力呢？很多时候家长可能会指着钟表这样跟孩子解释："1 个小时里有 60 分钟，1 分钟里有 60 秒。你看这里有三根指针，一根代表小时，一根代表分钟，一根代表秒钟。它们一直在走……"可是，这样的解释无法让 6~7 岁的孩子明白在生活中 1 分钟到底有多长，在 1 分钟里自己可以做多少事情。

我曾经和读一年级的小儿子讨论过时间的长度。记得那天我们一起坐飞机去三亚，飞机快起飞时我让他猜猜我们大概要飞多久才能到达三亚。只见他非常自信地对我说要飞 45 分钟。我问他为什么这么说，他说因为上一节课就这么长，去三亚不会比上课时间更长的。所以，我们可以看出一个 6~7 岁孩子对时间的长度已经有了一些了解，但是局限于自己有限的时间经验里，因此还无法准确地估算出时间的长度。所以很多刚上一二年级的孩子，因为写作业慢而被妈妈吼、爸爸骂。其实，孩子并没有不想好好写作业，只是他们还不理解这些作业到底需要多长时间才能做完。我们常常催促孩子说："求求你，快点把作业做完吧！"可是孩子看起来却不怎么着急，客观原因就是他们对时间长度没有概念。

为了解决这个"妈妈说我慢，我不觉得慢"的问题，我为小儿子"发明"了两个做作业的仪式：一是为作业分类，选择好哪项作业先做，哪项后做；二是为作业量时间长度，为每项作业制定完成的标准时间。趁着小学低年级阶段作业不多的时机，先培养孩子做功课的行为习惯，再解决写作业拖拉的问题，彻底预防家长陪写作业的低效率操作模式。

仪式一：为作业分类，为作业排序

为作业分类：在写作业之前我先带领孩子把作业分摊在桌子上，让他拿着家庭联系手册，口头告诉我今天有哪些作业要做，老师的要求又是什么。这不仅让孩子明白做作业是他自己的学习任务，还帮助他了解自己需要做的作业有哪些。

为作业排序：排序就是教孩子做作业的策略，教孩子先思考后行动，先选择后动手的好习惯。我做了一个数字套娃，让孩子把最大的也是标着数字“1”的套娃放在最先要做的功课上，依此类推一字排开，让孩子对作业的顺序一目了然。做完一个移除一个套娃，这样孩子眼里也看得到还有多少项作业未完成。

图 4-3　为作业排序

仪式二：估计写作业时长，掌控写作业时间

排完作业顺序后，我为孩子准备好几个时间沙漏，时长可以是 5 分钟、10 分钟不等，每种沙漏的颜色也最好不同，加以区别。在学期开始时，我让孩子把每项功课做一遍，我们要一起先用沙漏为每一项作业估算时间，一般会测算 3 天后汇总出一个时间总长度，然后取 3 天的时间平均值作为完成该项作业的标准时间。比如，孩子 3 天完成语文功课的时间分别是 15 分钟、13 分钟、18 分钟，那么我们取了一个平均时长，决定孩子需要每天在 15 分钟内完成语文作业。对于既定的作业完成时间标准，也可以按每天的实际情况来灵活处理。我把游戏的模式引进来，让孩子在不同的作业之间可以互相借用时间，今天超时了还可以向明天的作业预支时间；如果提前完成所有的作业了，就把剩余的时间作为“自由时间”奖励给孩子，在这个“自由时间”段里孩子可以选择做任何自己想做的事。

很多家长可能会说，这太麻烦了，还不如直接让孩子写作业更方便，为何要如此大费周章地磨工夫呢？我理解家长的心思，可是在教育孩子的过程中，我们最应该避免的就是欲速则不达。让孩子直接而快速地完成作业当然好，但后遗症是孩子虽然在家长的催促下慌慌张张地把作业完成了，但他的脑子里对做作业这件事并没有形成一个全盘的思考和规划习惯。也就是说，他只知道做父母告诉自己要做的，一旦父母不盯了，孩子就不知道如何为自己分配时间，如何自我监控来按时完成作业。相反，如果家长能够在小学四年级前帮助孩子建立起为作业分类、自我监管做作业的时间长度等习惯，那么孩子写作业拖拉的问题在小学一开始就被解决掉了。因此，我把自己给孩子用的方法研发成一套教

具，方便父母在引导低龄孩子做作业时使用。还要提醒家长的是，千万不要指望带一个六七岁的孩子做一两次作业分类练习，他就能完全理解和自己操作了。我们还需要不厌其烦地坚持与孩子一起重复练习，直到做作业的两个“仪式”成为自然，这时孩子的内心就会长出一个自主做作业的好习惯。

此外，用沙漏来管理做作业的时间长度还有一个大好处，就是孩子可以直观地看到时间的流逝效果。市面上有各种形象化的计时工具，有计时器、闹钟、番茄钟等，然而我还是觉得在孩子对数字没有很好理解前，沙漏是一个更好的选择。记得小儿子在做作业时，经常会看着沙漏自言自语地说：“啊，我快做完了，可是还有好多时间呢。”或者说：“哎呀，今天做得太慢了，沙漏时间不够了。”所以孩子年龄越小，越需要直观的、形象的时间展示。

小节结语

家长教孩子学做早期的时间规划，目的就是让孩子进入小学后能够生活自理、作息规律和管理好自己的学习任务。所以从幼儿园开始，就要着重关注孩子对作业表现出的时间认知能力，不急于要求孩子把作业做到十全十美，更不能为了让孩子快点做完作业，自己卷起袖子帮孩子做作业。相反，要达成一个家庭共识：只要孩子能够按时、按量完成作业，他就是在为小学高年级独立完成作业打下良好的基础。因此在现阶段，让孩子认识时间、学习管理自己的作业，比保证作业不出错更重要。

第二节　从计划到行动：陪孩子达成高效学习

有次讲座上，一个妈妈告诉我："今天我跟孩子谈话，让他洗心革面开始好好学习。他坚决地答应，好。我说，那今天就开始。他说，好。我说，那去拿铅笔盒，现在就开始。他竟然一下子哭了。我怎么都想不明白，为什么他会哭呢？"我告诉她，孩子的反应太正常了，因为你对他的要求涉及复杂的执行能力，而通过实践获得这个执行能力，才是孩子自主掌控时间的开始。

不会安排时间：改变从做一个小计划开始

我在一次讲座现场听到了一位妈妈大声喊出了一句很重要的话："做惯例表没用，做完了他也不看！"了解后发现，这位妈妈的孩子已经10岁了，自己从来不会做时间安排。为了让孩子学会自己管理学习，妈妈替孩子做好了每天的惯例表，然后把自己当成闹钟，按惯例表上的时间去催孩子完成一个个事项。结果孩子一看见妈妈就逃，一听到惯例表就装没听见。

所以学习做学习任务管理的时间要提早，不能等到孩子的学习出了问题，妈妈才来急着替孩子做，逼他执行，这样会让孩子觉得做计划就是妈妈想要惩罚自己。而且，做计划不能只写学习的时间和做功课的时间，还必须把一些能够让孩子兴奋起来的兴趣活动加进来，做到劳在前、逸在后，让孩子心服口服地跟着计划走。

学做计划要趁早，我把做计划分成了三个阶段，它们分别是雏形阶段、实践阶段和成熟阶段。

计划雏形阶段：这时孩子还处在学龄前后的阶段，家长自然需要帮助孩子来一起制订计划，这个阶段的计划其实就是做事的一个个步骤，重点在于让孩子理解做事的顺序和思维的逻辑。比如，要收拾房间里的玩具，那么可以和孩子一起把需要完成的事情一件一件、一步一步地大声说出来。又比如，我们可以边做边说："先整理地上的玩具，然后把它们放到玩具筐里，再把这些玩具筐按秩序一个个排好。"再比如，关于一天的活动顺序，我们也可以和孩子一起先口头说好要做的五项事情，然后把事项按时间段画在"时间饼"上，这样孩子对要做的事情就有了清楚的秩序感。开始动手之后，把五项任务分而治之，孩子每完成一项任务就在"时间饼"上打钩或贴"已完成"的贴纸，这样孩子既看得见步骤，又了解了做事的先后顺序，自然会在大脑中留下做计划的概念，慢慢地他们就从做"时间饼"过渡到做"每日惯例表"了。

计划实践阶段：从四五年级开始，家长就需要逐步放手，让孩子通过实践提升两项能力，一是学会做学习进程表，二是建立"要事优先"的思维模式。

图 4-4　7 岁孩子画的惯例表

第一项新能力，就是为每门功课单独做一个学习进程表。这个学习进程表与每日惯例表有所不同，后者是用来管理一天的时间分配的，而学习进程表则是用来监管每个科目的学习完成情况和作业进度，尤其可以用来监控那些与其他小伙伴合作的项目，比如合作完成的写作功课等。老师一般都会强调合作性作业的最后递交期限，这是在锻炼孩子的合作能力、互相监管和共同执行计划的能力。所以，学习进程表需要做得比每日惯例表更详细一点，需要标出项目开始的时间，项目完成的期限，以及在此过程中每一个需要完成的作业节点等。

表 4-1 学习进程表

学科及任务	阶段性目标	开始日期	结束日期
语文 · 作文 选择一个主题 写一篇采访报道	确定作文主题并准备写作提纲	3月12日/周五	3月12日/周五
	选定要采访的亲友名单，进行采访	3月13日/周六	3月14日/周日
	根据采访内容，完成初稿	3月15日/周一	3月16日/周二
	进行小组讨论，互相点评	3月17日/周三	3月17日/周三
	在点评基础上修改并完成作文	3月17日/周三	3月18日/周四
	提交作文	**3月19日/周五**	

第二项新能力，就是引导孩子建立“要事优先”的思维模式，这有助于提高学习效率。在上一节里我介绍了让孩子用套娃来练习为作业排序，这是用形象而简单的方式引导孩子为自己的选择先做出思考，也就是养成在行动前先思考的习惯。之后到了小学高年级，就可以引导孩子

用比较抽象的方式来进一步深入思考几个问题：什么是最重要的？什么是次重要的？什么是重要并且紧要的？为什么我要做这样的选择？如果孩子对完全抽象的思维还有点不习惯的话，我建议和孩子一起来画一个思维导图，让孩子看见自己的思考逻辑和简单的推理过程。在小学到初中阶段，我们不应该把不犯错放在教育的首位，而是应该帮助孩子学会推理和思考做什么样的选择，这比直接告诉他该做什么、不该做什么更重要，因为学会了思考就等于教会了孩子自己看地图找方向，这是引导孩子不犯错的最有效的方法。

计划成熟阶段：进入初中，孩子要能按自己的需要设计出短期计划。短期计划就是在短时间内的各科学习计划，尤其是那些超过一周的学习项目，需要非常量化的要求、细化的步骤和时间节点。前一阵子我看到小儿子的桌上贴了许多小纸片，仔细一看发现都是课程的复习计划。写出了每一门课从 10 月 30 号到 11 月 3 号之间的每日计划，拿语文做例子，他分出了一些支项目，比如背诵古文、默写词语、整理现代文笔记等。他还告诉我一张几个月都不变的“惯例表”已经无法满足学习需求了，他需要更微观地掌控学习进度，而且每门功课需要投入的时间也不一样。比如，他的计划表上唯独没有英文，因为他觉得自己完全不需要额外花时间来准备，于是他把时间全部分到了语文和数学上。

做计划的同时，我们还要让孩子一起参与讨论怎么把计划做得劳逸结合，这样才能避免孩子在执行计划过程中产生不必要的抵触情绪。其中有三个关键点需要把握好，它们分别是让计划有轻重缓急的节奏感、不把计划做得太满、不强制推行父母的意志。

第一，把握好计划的节奏感。计划好写作业的时间和自由支配的时间，让孩子意识到只有越早完成作业，才能越早享受自由时间。如果每天的惯例表上都没有晚上的自由时间，那么孩子就会选择拖延着不开始。我的朋友家里有一个不成文的规定，除了考试期间需要“加餐”复习，平时晚上7点以后孩子不做作业，全家人很开心地一起做各类喜欢的活动。这就有点像过时不开饭一样，让孩子有个做作业的期限时间，因此孩子养成了下午放学后抓紧时间把作业全部做完的习惯。这个爸爸还说，下午从4点半开始做作业，每30分钟休息15分钟，无论如何孩子都可以在7点以前把功课全部“消灭”掉，重点是孩子要在4点半准时开始做作业，不能等到父母回家了才开始做。还有就是家长每天都要有时间和孩子玩出有趣的花样来，否则这个计划就失去了吸引力。

虽然小学一、二年级没有了功课，但是我建议家长还是可以带领孩子为其他的活动做每日惯例表，比如阅读、画画、朗诵、舞蹈、体育等兴趣的学习，主要是让孩子养成计划一天时间的习惯。三年级之后，孩子已经发展出一定的兴趣爱好了，那么家长可以把他最喜欢的活动当作激励的时间项目，鼓励孩子尽早完成作业。

我在厦门的一场关于时间管理的讲座上，见到了两名初中生，其中一个男孩爱好游泳，他告诉在场的全体父母亲，为了保证自己每天参加游泳训练，他都会在课间做作业，等训练完回到家再抓紧时间完成剩余的作业。另一个女生则在学习声乐，她喜欢唱歌和阅读，因此她已经养成了一种良性思维，那就是尽快做完作业，好立即做自己感兴趣的事情，每天下午练习唱歌，晚上阅读。当主持人问他们俩：“你们觉得苦不苦？”两个孩子都说：“不苦！”此外，这两个孩子都因为有丰富的兴趣活动而变得非常自律，他们拥有的自由时间/兴趣时间成为推动学习的一股内在驱动力。因此，单一地学习，摈弃所有兴趣活动，恰恰会抹杀掉孩子按时完成作业的动力，成为最低效、最不可取的学习模式。

第二，家长不搞填鸭式的计划。很多父母只要看到孩子学习心中就乐开花，一看到孩子停下来就忍不住要喊，其实这是非常反科学的做法，仅仅满足了家长的控制欲望，孩子的学习欲望反而被搞得低落，充满负面情绪。因此最好的计划不是长时间持续地学习，而是要每隔半个小时（小学）、每隔一小时（初中）休息一下。我提到过大脑就像一根橡皮筋，拉紧了一段时间就要放松一下，否则失去了弹力就会降低学习的效率。同时，我也从身边的孩子们那里收集来了一些他们的高效学习经验：注意文理搭配着学，这就是在给大脑换频道；学习、娱乐交替安排，这就是在给大脑放松的时间。我们不能把大脑想成一架机器，相反要把大脑想成一个有血有肉的器官，过度使用就会疲劳，甚至遭受损伤。

第三，不强制推行父母的意志。在做计划和推行计划的过程中，父母始终要保持一个善解人意的姿态。研究人员发现，父母的教养方式也会影响孩子的拖延行为，比如包办型的教养方式就会削弱孩子的自我管理能力。在放手细节的同时，家长还要监控一下大方向，因为初中阶段孩子的自我监控意识还是比较薄弱的，我们需要继续发挥“他律”的角色作用。我们的“他律”目标是逐渐引导孩子实现自控。有研究显示：“父母对小学生的情感温暖和理解关注越多，孩子出现拖延行为的概率就越小；而父母对小学生越严厉、惩罚越多，孩子出现拖延行为的可能性就越大。”[①] 由此可见，家长不科学、不恰当的教养方式会引起孩子更

---

①资料来源：郑治国等，论文《小学高年级学生父母教养方式与学业拖延的关系：时间管理倾向的中介作用》，《心理与行为研究》期刊，2018 年。

大的反抗和不合作的态度。

孩子习惯拖延：养成“现在就做”的好习惯

我发现无论孩子和家长共同使多大的力，把计划做得多么十全十美，到了执行的时候还是会遇到一个最棘手的问题，那就是孩子脑子里有计划，但却拖延着不付诸行动，因此“开始做”比“做计划”更难。比如，我听到有的父母抱怨说，陪孩子做作业做到深夜还没做完，但其实大部分情况不是孩子遇到了不会做的作业，而是因为放学回家后孩子拖延着不开始动手做作业，他选择了先去做自己想做的事情，比如看电视、玩手机、和同学聊天，直到时间实在太晚了，在家长反复催促下才会慢吞吞地进入做作业的模式，可这时几乎已到了快上床睡觉的时间了。这样的表现越往后变得越严重，一是因为孩子长大了有自己的主见，二是因为拖延已成为习惯，让孩子缺乏“着手行动”的技能。

“着手行动”是解决拖延的最重要的一个环节，不开始行动就是拖延的开始，因此“着手行动”也被列为执行技能组合中的一项重要能力。记得我的大儿子有一个口头禅就是“稍后做”。这个“现在做还是稍后做”的问题决定了制订好的计划是否能被按时、高效地执行。

在我们组织的亲子夏令营里，我发现了一个有趣的现象，有一部分孩子每天早上都会准时到达餐厅用餐，而同样是这部分孩子，在按时按量完成任务方面做得更好，因为他们的行动感强，很少拖延。还有一部分孩子早上会拖拖拉拉地赶来吃早餐，无论做什么任务都会比小伙伴慢一拍。从他们的行动中我看得出，这些孩子已经养成了无论什么事，在开始时都很难聚焦的习惯，“慢一拍才行动”似乎已经成为他们的“气质”。因此，在团队合作项目里，这部分孩子在行动力上总会落后于他人一步。

所以，我建议在孩子 3 岁以后就要开始训练他接到父母的口头指令后，立即开始行动的习惯。举个例子，孩子每天到了预定好的作息时间，就会自觉地吃饭、阅读、刷牙、洗澡和上床等，那么，到了上学的年龄，他们自然就会按照时间表上的规划来行动，一旦孩子形成了几乎像条件反射似的行动习惯后，他就可以把这个生活习惯迁移到学习习惯上去了。反之，一个在生活作息中没有时间观念、总要父母催促的孩子，不会养成主动开始做事的习惯，到了学习时一切也会变得一团糟。因此我总结出四个方法，来鼓励孩子立即或尽早开始行动。

第一，父母给孩子设计一个看得见、听得到的有趣提示。比如，对年龄小的孩子，可以在“时间饼”的任务事项上贴一个漂亮的小贴纸，提醒孩子应该开始做预先规划好的事了；对大一点的孩子，可以选用一个好听的音乐闹钟，按每日惯例表上的时间来为闹钟设定提醒时间。总之，尽量用不让孩子感到厌烦的方式做趣味性的提示，目的只有一个，就是让孩子按计划好的时间立即行动起来，而不是沉浸在“现在做还是稍后做”的问题里，迟迟不开始行动。

第二，表扬孩子立即动手的行为。家长要让自己习惯鼓励和奖励孩子立即动手和按时完成任务的行为，提醒自己不唠叨孩子作业做得好还是不好、对了还是错了；要想出一系列有趣的办法来引导孩子开始动手，只要孩子开始行动了就是向完成作业迈近了一步。比如，在行动前，我会和孩子玩选择题，只要他决定开始做作业了，就可以自由地选择先做哪一项作业。我知道他一定会选一项他最喜欢的事情先做，比如想要阅读。这不要紧，我会用打包的方法，把阅读和其他作业绑定，他可以选择先后顺序，但不能少做其中的任何一项。我的任务就是让孩子迈开步子，向终点行进。

第三，缩小任务规模。大部分孩子迟迟不动手的原因还有一个，就是害怕被没完没了的作业“套住”。孩子的逻辑是这样的：反正到最后也做不完，还不如不开始呢，不开始做就可以一直不做。这是天真可爱的孩子们的真实想法，如果要帮助他们，就要把大任务分解成小任务，让他们看到每个任务都挺容易的，可以像打游戏一样一个个通关。而且每完成一个小任务，就给予孩子们一次口头表扬或实际的非物质奖励，比如自由休息的时间等。

第四，设计一个有归属感的开始。这个环节很重要，无论做什么事如果孩子觉得这事与他所期望的事相吻合，就会立即行动起来；反之就会拖拉、犹豫，上演各种不情愿的表情包和情绪包。所以，当遇到孩子不愿配合的时候，我们不要强压，可以稍稍思考一下该如何从归属感上下功夫。

有个孩子不喜欢上英文课，英文作业总是等到最后做，做得很慢，很显然孩子对英文学习缺乏动力。我问这个妈妈她女儿有什么其他兴趣爱好，结果妈妈说女儿就是喜欢涂涂画画，周末的时间都被女儿用来画画了。在不经意中这个妈妈还告诉我，女儿的梦想就是以后去英国学设计。于是我让这个妈妈拉着孩子一起，找了一个英国设计学院的网页研究起课程来，结果孩子看不懂，妈妈也看不懂。这时妈妈对女儿说：“我们支持你去英国学设计专业，但是报考学校的所有事项必须由你自己来完成，妈妈英文不好帮不上忙。”结果女儿看到了自己学设计的梦想与学习英文之间的关系，学英文的动力就来了。现在，孩子每天最先做的作业一定是英文。

注意力不集中：提升专注力的秘密因素

我在第 01 章第二节里谈到过孩子对自己感兴趣的事情就会生发出专注力，同时我也列出了孩子在不同年龄段里会有不同时长的专注力。而有关学习分心的问题，曾有家长这样问我："我的孩子做作业时一直无法集中注意力，总是东摸摸西看看，我该怎么办？"其实这既是一个在养育过程中家长会遇到的普遍问题，同时又是一个孩子较难自控的行为问题。因为"注意力"在心理学上是一个专门的研究领域，其中包含很多概念，还涉及大量的脑科学知识。此外，父母对专注力与注意力之间的关系了解得也不够清楚明确，因此很难分层次、有针对性地帮助孩子从根源上解决注意力问题。

所以，我想到了用一个简单的比拟方式来解释两者之间的关系：注意力就像一把伞上的伞骨，管辖着每个人专注地完成一项任务的能力；而专注力就像最牢固的伞柄，连接和支撑着伞骨，形成了稳定的注意力。所以，专注力指的是在一定时间内对某项任务保持注意力的能力，也就是伞柄（专注力）支撑起了伞骨（注意力）和伞面。这里我想介绍一个示意图[1]，它可以帮助我们更进一步理解注意力的两个形态，以及它们与专注力的关系。

---

① 资料来源：[美] 佩格 · 道森、理查德 · 奎尔著，王正林译，《聪明却混乱的孩子：利用"执行技能训练"提升孩子学习力和专注力》，机械工业出版社 2020 年版。

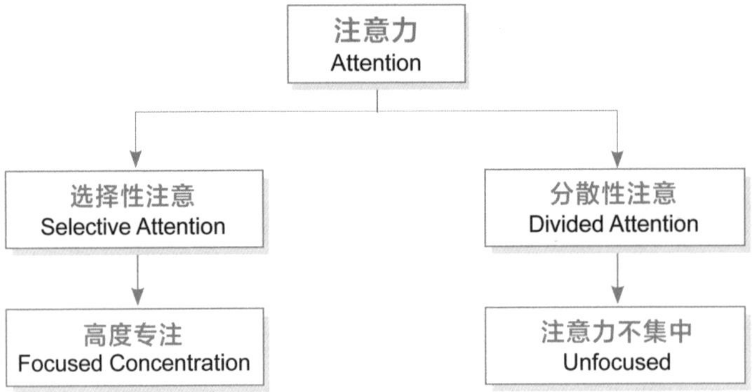

图 4-5　注意力

从这张示意图里我们可以看到，注意力被分成了左右两部分。左边这部分代表“选择性的”注意力，也就是一个人自己选择需要关注的事物，从这里也就产生出专注力，因此，前提是我选择了专注这件事；右边代表“分散性的”注意力，也就是注意力不集中、被分散了。举个例子，孩子一边做功课，一边偷偷用眼睛瞟着奶奶正在看的电视节目，一边还玩着手上的玩具，这是典型的一心两用，甚至一心多用的做作业场景。

看明白了这张示意图，我们再来对照孩子注意力不集中的问题，就会发现解决问题其实是需要从两个方向和多层面来入手的。方向一，消除图示右边的分散注意力的源头问题，营造促使孩子保持注意力集中的环境；方向二，加强图示左边的专注力，让孩子选择聚焦应该做的事情。

我们先来看看如何消除环境里会分散注意力的因素。这里有两个外部因素需要分别考虑，它们是空间因素和听视觉因素。整理空间既是一项好习惯，也是执行技能组合中的一个重要技能。我们可以和孩子一起定时整理他的生活和学习空间，把可能干扰注意力的外在的、可见的、可触摸的东西清理出去。刚刚我听到我的孩子在房间里搬运拖拉东西，还弄出了很大的响声。我问他："你在干什么？"他说："我在清理房间。"我在孩子上小学初期就与他一起做时间规划，专门把整理学习空间的5~10分钟加入了"时间饼"；后来他年龄大了一点，在一天的惯例表上也会记上要做的整理事项，比如整理游戏的空间（玩具）、书桌上的空间、笔记里的空间、书包里的空间、书架上的空间和床上空间等。

而整理的核心，除了保持环境整洁外，还应引导孩子自觉清理可能干扰学习的各种外在因素，比如玩具、文娱读物和其他可能导致分心的各类用品，这有助于孩子从外在的无序走向内在的有序。整理完生活和学习的空间，我们还要关注声音和影像对孩子的干扰，那些不可触摸的声音和影像其实都可能是干扰物。因此，可以开一个家庭会议，让孩子来告诉家长哪些环境里的"噪声"会干扰到他做功课。比如，我闺密的孩子就是在家庭会议上直接告诉爸爸，他打电话的声音太响了，还有抽烟的味道也会干扰到自己；孩子还告诉妈妈，她不停地在房间里走动会让自己不安，总觉得妈妈要来检查自己的功课了。因此，识别环境里的干扰因素是非常有必要的，而且必须让孩子参与进来，由他来帮助整个家庭排除环境中的干扰问题。

解决完外部环境的干扰后，我们要开始帮助孩子往内心走了。因为，保持专注力的核心能力，就是孩子能够自觉地忽略掉不重要的信息，有选择性地专注于当下需要完成的任务，所以专心是高效学习的先决条件。为此，我总结出需要家长来协助孩子做到的四个重要事项。

第一，先与孩子一起确定需要专注做的事情是什么。对于自控力薄弱的孩子来说，在开始进行一个任务前，首先需要明确了解自己要专注做的那件事情到底是什么，有哪几个环节。比如，大部分孩子只知道自己需要做作业了，但做作业是一个宽泛的概念，具体需要从哪儿开始、从哪儿入手，他们经常一筹莫展。这就好像家长要帮助孩子先为他的注意力做一次清洁过滤，再聚焦于那个唯一的任务目标上。就拿语文作业做例子，首先要让孩子列出作业有哪几个要做的项目，比如，有造句、背课文和小作文。那么，教孩子先把语文作业切分成三个小任务和三个相对应的时间段，提醒孩子在每个时间段里只聚焦一个任务，而不要做着造句，又去背课文。在我的孩子年龄小的阶段，我和他一起分好作业任务后，会帮他“保管”作业任务，等他完成一项再来我这里领下一项，每一项之间给他留下 5 分钟的间隙。这个过程就是在培养孩子专注于完成一项作业的能力，以及分而治之地为任务分配先后顺序的习惯。

第二，在明确了需要完成的作业大任务和各项小环节后，就要和孩子一起讨论完成这项任务所需要的时间长度了，这是在引导孩子思考，让他对做作业的时间长度做好心理预测和准备。举个例子，我们的学生乐团排练时，指挥老师会先告知大家需要一起排练哪首曲子，曲子的时间有多长，大约要排练多久，什么时候可以休息。这是一个很重要的心理建设环节，许多孩子的注意力经常有选择性地涣散，这是因为他们根本不知道一个任务要做多久，做完了这个任务还会不会有别的任务。当孩子觉得自己对要做的事情毫无掌控感时，就很容易消极地、任性地“放飞”自己的专注力了。在预估做作业的时间时，我们可以参考美国教师联合会等一些教师组织的建议，孩子的学龄每升一级，花在家庭作业上的时间就比上一年相应地延长，但延长时间最多不超过10分钟。(也就是说，一年级学生每晚做作业的时间如果是10分钟，二年级学生每晚做作业的时间就是20分钟，依此类推。）当然，我们的孩子具体做作业的时间一定与美国的学生不同，但我们可以参照这个概念形成自有的一种时间预估模式。

第三，我们还要记得孩子在养成自我管理习惯前，还是需要我们及时、友好、适当地提醒的。在前边我们已经讨论过孩子的专注力是建立在兴趣之上的，而且年龄越小受兴趣影响就会越明显。同时，除兴趣之外还存在一个影响孩子专注力的因素，那就是排除环境里的干扰信息的能力。比如，在学生乐队排练时，有的孩子可以非常专注地看着指挥排练一首10分钟左右的曲子，可是有的孩子就会间断性地出现注意力转移的现象，这时就需要指挥老师用肢体语言和面部表情来提醒孩子。因此，在排练时我们也会为一些年龄偏小的孩子单独配备老师，一旦孩子遇到了演奏问题或注意力问题，就会有老师立即为他提供帮助，并做出友好的提醒。这么来安排小组形式的排练，就是在为孩子提供有针对性的支持，虽然我们不提倡陪写作业，但这并不是说可以完全撒手不管，而是需要针对每个孩子的专注力问题，适时给予个性化的支持和提醒。

比如，当发现孩子做作业走神了，不要急于催促或责备，而是让孩子停下来，调整一下情绪和状态。一般情况下，对小学低年级孩子来说，做15~20分钟作业后需要休息一下，这时家长可以边检查一下作业完成情况，边和孩子聊聊天，多说说鼓励的话；对小学中高年级的孩子，可以安排约一节课的时间让孩子写作业，其间家长最好不要随便打扰，更不要指手画脚地去批评孩子或对孩子使用责备性的语言，因为这样做的坏结果就是启动“坏情绪”，让孩子根本无法再回到专注的状态里去。同时，我也建议家长再检查一下环境，看是否又有一些新的干扰因素出现。孩子的专注时间不能被无限地拉长，一旦到了极限孩子自然就会出现走神的现象。所以，我建议家长回到第 01 章第二节，看一下不同年龄段孩子的平均专注力时长，为孩子安排好写作业期间的休息时间。

第四，了解孩子的注意力是客观存在高水平和低水平时段的。例如，有时我们大人想做一件事时也会遇到意愿很强但感觉自己心有余而力不足的情况，这就是因为大脑和身体也会有最强时刻和最弱时刻。因此，研究者对五年级孩子每天的注意力水平进行了研究，结果发现一天中孩子注意力的集中情况可以分为三大类。昼间型：上午 7 点注意力水平最高，然后下降，下午 3 点后注意力水平稍有回升。夜间型：在白天注意力水平不断上升，晚上 7 点达到最高峰。混合型：上午 10 点的注意力水平最高，中午开始下降，下午 3 点又开始回升，晚上 7 点注意力水平出现第二个高峰。我和小儿子一起看过这张注意力水平表，他说他是混合型的，每天早上 6：30 起床，到了中午之后就会觉得累，需要小歇一会儿，有时会打个盹；下午 3 点之后又会精神抖擞，一直到晚上注意力都很好，但是 10 点之后注意力水平就会下降。因此，我们可以发现孩子对科学的进步和发展会天然地感兴趣，而且也非常希望了解自己的身体和心理感受。

所以，我建议家长和孩子一起看一下这些注意力表现类型，帮助孩子认识自己的学习状态，把注意力比较集中的大块时间，用来听课或做比较有挑战的学科类作业；把注意力不易集中的零碎时间，用来做比较容易对付的习题，或自己超感兴趣的科目。拿我自己做例子，我发现自己也是混合型的，所以写作期间我会按时早起，把上午的时间完全用于写作，会议我也尽量安排在下午的前半段，然后把下午的后半段和晚上的时间连起来，让自己始终保持在较为良好的写作状态中。

由此可见，让绝大部分家长陷入焦虑的“孩子注意力不集中”的问题，其实是需要集合不同层面的能力，改变环境里的干扰信息，用科学的方法来找到整体解决方案的。单纯地靠父母督促、盯梢、唠叨和奖罚是不可能建立起专注力的，相反还会引起孩子内心的反感，因为专注力必须来自孩子的内在动力，以及他对需要完成的任务的判断力、掌控力和执行力。专注力就像一盏聚光灯，照亮了孩子内心的一个角落。在那里，孩子可以忘却一切，只看见眼前正在做的事情，并感受着过程的愉悦。而创造这样一种专注的状态，只有孩子本人才能做到，任何外力都不能强迫。

为小升初做准备：培养五大学习基础习惯

今天的教育大环境早已进入资源精细化分配的时代。无论是家长、学校还是老师都少了耐心，都不愿意等待一个成绩暂时落后的孩子。这也导致了家长们一边倒地想要逼孩子抢到靠前的成绩排名，这样孩子们才能获得更多的关注和更好的学习资源。

分数是动态的，今天拿高分的孩子，明天也可能拿低分。所以，面对这张成绩的大网，家长的心情没法放松下来，无法从学习的根基上来驱动孩子。很多家长因为心中焦急而经常把关于学习的负面信息传递给孩子，比如孩子总是听到父母对自己喊：“你怎么就这么懒？”“我怎么就生了一个像你这样不求上进的人呢？”却很少听到像这样鼓励孩子的话：“虽然这次语文没考到我们想要的分数，但有没有发现，你这次作文部分得分已经比上一次高啦！”只有批评、没有鼓励的负面沟通，只会加剧孩子对自己的失望感，慢慢地他便开始认同家长贴给自己的归属标签：我是一个不太好的孩子，我是一个不爱学习的孩子，我是一个比不上别人的孩子。这样的早期家庭教育犯下的最大错误，就是过早地用单一的成绩标签来固化孩子早期还不稳定的认知水平，其实当下拿高分的孩子未必到了高年级还能持续当尖子生，但当下的“差生”却很难翻身成为“优等生”，因为驱动他们的是越来越严重的家庭负能量。

在一次小学家长会上，我听到一位家长这样问老师：“我的孩子连学习都没法完成，成绩这么差，为何还要让他去上绘画课？我们可以不上学校的绘画课和体育课，就让他在教室里补习语文、数学吗？”这是典型的不顾孩子身心需要、甘心被分数绑架的父母的思维导向。这里还有一个妈妈的案例，她从另一个极端来对待孩子的早期学习。这个妈妈为了让女儿成为小提琴神童，把孩子所有的时间全部包办了。女孩早上起床，妈妈替她穿衣刷牙，喂她吃饭。在这个过程中，妈妈要求女儿用耳朵来听录音机里正播放的音乐，用眼睛来读放在她面前的乐谱。很多年后这个女儿成名了，却得了抑郁症和厌食症。我们把这两个案例放在一起来分析，就可以看出虽然两位妈妈各有所求，一位追求成绩，一位要成名，但都属于以父母的意志单方面驱动孩子的教育模式。很多年后，那位小提琴神童的妈妈才意识到当年自己的育儿模式是反科学的，于是痛定思痛后她专门写了一本书，把这个可怕的错误分享出来。她还坚定地站到讲台上，分享自己走过的养育弯路，而我正是这场分享会上的一个听众。当时我真正意识到，一个母亲对孩子的“好”可以成为一份偏执，而这份对“好”的偏执越强烈，带给孩子的伤害就越没有底线。

因此，从孩子进入小学开始，每一位家长就要严肃地思考一个问题：我们是想不惜一切代价做孩子学习的主人，还是想遵循科学养育的规律，耐心“扶持”孩子成为掌控学习的主人？我们都在急急忙忙地为孩子绑定优质的学习资源，但唯一忘了的是孩子本人才是使用这些资源的主体，如果他认为自己就不是学习那块料，那你要来这么多的资源不就浪费了吗？

加利福尼亚大学的一名心理学博士后研究者 Kou Murayama 曾带领研究团队去了德国巴伐利亚州的一所公立学校，对 3500 名学生做了调研，结果发现：孩子们能够长期地、反复地学习而吸纳的知识量，与孩子聪明与否并无关联；真正影响学习知识量的因素，恰恰是孩子能否持续学习的这个过程。这位研究者为我们提供了一个家庭教育的新方向：学习是一件持续性的、自主的行为，家长最应该把力气花在如何让孩子保持学习的自主状态，而不是靠家长的意志、用负面压力驱动孩子被动学习。培养孩子自我驱动地学习，小学是非常重要的打地基阶段，因为这时学习内容还不复杂，同学之间的成绩差异还没完全拉开，这为家长和孩子提供了一个“慢成长”的好时机。我说的“慢成长”，就是指先多花点时间养成正确的学习习惯和学习态度，让孩子在小学阶段形成为自己的学习“当家做主”的思维模式。这样等到了小学高年级、进入初中后，孩子才有十足的后劲自我驱动地来迎接更繁重、难度更大的学习任务。不然到了初中，孩子还是会停留在小学的初级阶段，学习被弱化到只是完成在课堂上“听到”和“看到”的动作，学习带来的成果也非常有限，就如这句网上流传的段子一样：“一听就懂，一看就会，一问就蒙，一写就错。”

那么在小学阶段里，孩子最需要养成什么样的学习习惯和学习态度呢?

由于小学五年级前的学习还都属于掌握单点知识或单项任务，比如抄写单词、默写课文、背数学公式等，因此孩子需要一个基础的习惯“套餐包”，来帮助他们养成最初级的自助型学习能力。这个习惯“套餐包”共包含五大基础习惯：两个与听课能力相关的习惯，两个与写作业能力相关的习惯，一个与学习方法相关的习惯。

首先，是养成“倾听”和“提问”这两大听课的基础学习习惯，因为在学习过程中，善于倾听是一项很重要的能力，主要体现在：认真倾听同学发言，思考同学在发言过程中是否出错，自己是否要做补充；认真倾听老师讲解，争取做到不遗漏老师讲的每一个知识点。“当堂懂”是许多老师分享的高效学习习惯，但是要做到“当堂懂”就要做到上课认真听讲，听课的思路可以一直紧跟着老师的指令。如果做不好倾听这一点，孩子回家做作业时就会蒙，从不知“做什么”到不知“怎么做”。所以，在平时的生活里要多和孩子一起做游戏和家务，在过程中练习孩子倾听各项要求和步骤的习惯。

而提问作为一个学习习惯，其实比成绩更能反映出一个孩子的观察力和思考力，所以提问这个环节不只是为听不懂、读不懂而设计的。多提问的孩子，表明他具有更好的观察力和对新鲜事物更大的好奇心，而且提问也能锻炼孩子主动沟通的勇气。养成提问的习惯需要宽松的家庭环境，父母要有耐心陪孩子聊天，平时更要拓展家庭亲子参与的阅读、交友和各类活动项目，因为有质量的聊天需要有质量的内容输入，这样才能开启孩子好奇的提问模式。

其次，就是养成两个与功课有直接关联的写作业习惯，一是培养孩子“认真书写”，二是“独立写作业”。认真书写看起来是小事，但却是最打底的学习习惯，因为良好的书写姿势，正确的书写笔顺，无论在考试时还是作业评分时都很加分。比如说：考试卷面整洁，老师就会阅读顺畅，酌情给分；作业字迹端正大方，老师就会认为孩子学习态度认真，经常给予书面的表扬。所以，一个小小的书写习惯，恰恰可以在未来漫长的学习生涯里，屡屡为自己挣分，养成这样的习惯实在太重要了。

独立写作业，这个环节最能反映出孩子是否拥有独立学习的态度。一年级到三年级是培养孩子独立写作业的最佳时间。从孩子做第一份作业起，我建议家长就要考虑以下陪写作业的三项原则。

原则一：家长不要揪着作业错误不放。一年级是养成习惯的开始，遇到孩子语文作业的字抄写不规整，数学公式前后顺序写倒，不要穷追猛打，只求完美，以为现在犯一个小错误，未来就没希望了。正确的应对方法是，放过今天的不正确，耐心地把正确的写法、算法分步骤展示出来，然后在接下来几天的作业里特别关注这些已犯过的小错误，温馨或幽默地提醒，督促改正即可。

原则二：家长不要因为作业错误而贬损孩子。很多时候父母工作累了一天，只要看到孩子又犯错了，就会一股脑儿地开骂孩子笨、不长记性，甚至动手打孩子，等等。其实，这样的负面压力只会让孩子加深对错误的记忆，等于在记忆的链条上为错误打下了一个永久的烙印，就如背诵课文，孩子越怕犯错的地方就越卡壳。所以，如果想让孩子记住正确的书写方法和计算公式，我们要改用有趣、形象的方式来引导孩子理解和记忆。

原则三：到了二三年级时，提高自主完成作业的要求。孩子需要记清当天作业的内容，并能够安排好开始和结束写作业的时间，达到按时按量地完成学习任务的目标。这时，家长最需要做的就是保持距离，避免指手画脚地指挥，或者直接上手帮孩子改作业。作业中的错误不是永久的，这些问题都会随着孩子认知水平的提高、学习能力的增强而逐渐解决，但是按时按量地完成作业的意识必须赶在学习的早期建立起来，到了高年级就很难养成了。

在小学阶段，只要孩子能够养成以上四项基本学习习惯，他的独立学习意识也就建立起来了。接下来这个习惯，是非常值得父母提前关注的，因为孩子从小学升入初中一年级后，主要学习科目将从三科一下子增加到七科，这么快速的学习增量会对孩子形成巨大的挑战，因此对学习资料和学习任务的整理能力就会显得越来越重要。如果归纳、整理信息的能力落下了，孩子一进初中就会陷入混乱的学习状态，上学丢三落四，回家做作业毫无条理，到了考试季不知道如何复习。

因此，到了小学高年级，培养孩子学习搜集资料、整理信息、整合学习资源是非常重要的，因为这涉及高效的学习方法。为此我总结了三个引导步骤。第一步，要教会孩子为学习任务搜集资料。孩子可以在家长的帮助下，通过上网搜索、查阅字典或工具书等，找到学习所需要的信息和资料。第二步，为课堂内容做笔记。这部分可以参考我在《学习的格局》中介绍过的“康奈尔笔记法”。第三步，为课堂笔记和课本内容做归纳、总结和整理。我来分享一个同事告诉我的案例，她的孩子每到期末考试都要背着重重的书包去学校，因为他想带上全部的课本和笔记以备最后一刻复习的需要。但有一次同事送孩子去考试，她看到了一位同学只背着一个小包就来了，于是她去问了那个孩子的家长，原来那个同学只带了自己整理好的一沓复习资料和写着要点的笔记本，因为孩子在复习过程中早已经把一本本厚书归纳成几张薄薄的笔记纸，其中涵盖了需要学习的识记要点和要题。到了考试休息间隙，他还可以利用有限的时间重温一些重要知识点。那这个孩子是如何学会把课本从厚变薄的整理能力的呢？

这里涉及两个信息整理的技能：一是要对学习内容做筛选；二是看明白哪些是重要的信息，要把它们提炼出来，归纳成条例要点，然后做更深度的理解、学习和内化，最后变成较牢固的记忆。这里我来分享一个整理小工具，它叫“可视化日记”，这是一个朋友妈妈介绍给我的。这本每日学习日记看起来就是一个普通的小本子，每个页面被切分成上下两大部分，上半页被划分成语文、数学、英语及其他四大区域，专门用来记录每天的学习任务；下半页留给孩子对自己做评估，也叫“吾省吾身”。

这个小本子的妙处在于，可以引导孩子为当天所学的内容做概要记录，并提醒自己每日应该完成的学习任务；到了周末，还可以为一周做学习总结，为周末做活动安排。试想一下，这个每周七天、一天不落下的“可视化日记”，说得小一点就是在培养孩子筛选和归纳信息的整理技能；说得大一点就是在做完 365 天后孩子将拥有把课本“由厚变薄”

5月27日 星期五

每日分享		
学科	语文	英语
	数学	其他
个人		
吾省吾身	可发扬	
	需改进及方案	
	一两句话送给自己	

5月28日 星期六

每日分享		
学科	语文	英语
	数学	其他
个人		
吾省吾身	可发扬	
	需改进及方案	
	一两句话送给自己	

图 4-6　可视化日记

的独立思维能力和行动能力。这个妈妈告诉我，她的儿子还分享了一些使用心得。他是这样说的："有了这样的小日记本，我可以把各科的任务记上，提醒自己不漏交作业，这样就不用再担心被老师批评、被妈妈唠叨；每周小结还可以为自己总结出需要改进的地方，让自己改得服气，还能抵消作业多带给自己的烦恼。"我还在这位小暖男的日记上，读到了他写给自己的每日一句激励的话。比如，在 3 月 17 日他送给自己的是"人生在勤，不索何获"。他告诉妈妈，没想到这些平日积攒起来的小金句，到了写作文时还派上了大用场。这个小日记本用一天，效果可能不明显，但是一整年用下来，孩子便能自然地学会整理课堂笔记、归纳任务和自主计划周末时间了。这就是持续性的自主学习带来的成果，也为小升初做好基础习惯的准备。

小节结语

在这一节里我们讨论了执行技能组合中的四个重要能力：

◆**制订计划**，就是引导孩子分三个阶段学习做计划：计划雏形阶段、实践阶段和成熟阶段；

◆**着手行动**，就是锻炼孩子在没有父母的催促下也可以主动开始行动，解决拖延的行为问题；

◆**保持专注力**，就是让孩子能够良好控制自己的注意力，尽力完成自己应该完成的学习任务；

◆**学习任务的整理技能**，就是教孩子在打理好自己的生活和学习空间的同时，学习整理与学习相关的物料、笔记、作业和课本等，保持有序的内在和外在的学习状态。

以上这四项执行技能需要在小学到初中阶段奠基和磨炼，并在之后的学习中巩固和发展。在下一节里我们将讨论另外两大执行技能组合，它们是咬定目标不放松和时间管理能力。

第三节　找到时间的方向感：放手让孩子管理自己

作为家长，我们总是相信规矩，认为没有规矩不成方圆。但是，孩子到了青春期，有一样东西可以比规矩更有效地“控制”局面，那就是目标和方向。一个孩子有了目标和方向，他自然会给自己立规矩的。规矩是外在的，而目标是内在的；控制是外在的，有方向后的自我控制是发自内心的。所以，让孩子学会自我管理的精髓在于设定目标。没有目标的奔跑，就等于没有方向的快跑，跑得越快，迷失得越快。因此，在孩子寻找自我价值的青春岁月里，我们要帮助孩子发展两个极其重要的执行技能：第一是咬定目标不放松，也就是为了实现目标，坚持到底的能力；第二是管理时间的能力，也就是管理自我的能力。

目标分龄法：引导孩子学会咬定目标不放松

我很喜欢“咬定”这两个字，它们非常形象地体现出对目标锲而不舍的一股内在的力量。有个小女孩读了《父母的格局》里我描写过的一个青少年乐团，便梦想着要去那个乐团拉琴，在苦练了十个多月后，她考进去了。这就是“咬定”目标之后孩子所呈现出来的不达目的不罢休的气势。我也见过另外一个女孩，她一路读书还算不错，成功考上美高，成功考上大学，成功考上研究生院，但是至今仍然没有找到一份可以安身立命的工作。你肯定会问，她能成功升学，难道这不是目标吗？当然是目标，但只是一个阶段性目标，当升学阶段过去后，孩子便失去了下一个想要“咬定”不放松的目标。所以，培养咬定目标不放松的关键在于两个问题：一是怎么找到目标，二是怎么咬定目标。

有目的地坚持才叫“咬定”目标。很多高中生在补习班里刷题，如果问他们这样努力的学习目的是什么，他们中的大部分人会说“是父母让我来的”。所以，他们心里没有确立起一个可以为之努力的目标，也就是没有一个可以“咬定”的目标。为何没有目标呢？因为从小学开始家长就已经在为孩子输出一个终极目标，那就是考上大学，甚至考上名牌大学。家长嘴里唠叨着的目标和时刻写在脸上的期待，都在向孩子传递出一些正面或负面的环境信号，这会阻碍孩子确立自己的目标。那什么是正面环境信号呢？“只要成绩好，就能考上大学！”这句话对于学习成绩处于前列的10%的孩子，就是一个正面信号，他们自然会非常乐意去为之努力，因为好成绩本身会让这部分孩子感到自己的价值感，由此产生拥有优越感。但是，这个关于成绩好的信号，对于剩下来的90%的孩子来说，就包含着非常大的负面作用了。因为在应试教育的大环境里，只要不是学霸型的孩子很少有安全感，遇到一点挫折或挑战就会认为自己没有希望了，因此也就容易放弃对未来的憧憬，逐渐变成一个少有目标感的人。

因此，为了让孩子内心能够拥有自己的目标，首先父母需要为孩子屏蔽来自家庭环境的负面信号，也就是家长不要事事左右孩子，时时为他定下人生目标。我们可以鼓励他们找目标，而不是天天讲家长心里的目标。但是，这事说起来容易做起来难。最困惑家长的是担心大人不给目标，孩子没有目标怎么办？

我听到这样的提问时都会这样问家长："你觉得孩子的目标应该是哪个方面的？"大部分家长会愣在那里不能立即回答，因为他们想的几乎都是学习目标，不知怎么会有人问哪方面的目标。其实问题就出在了这里，孩子生活里的目标不应该仅仅只有学习目标，尤其不应该只有一个 12 年之后考上什么大学的目标，这样的目标对大部分身心还处在成长阶段的孩子几乎不能产生共鸣，更建立不起来年幼时的目标感。因此，我通常会把帮助孩子建立目标分成三个阶段来展开。

6~8 岁建立目标感：为生活中的一个小任务设置一个小目标，带领孩子体验实现目标的几个小步骤，为孩子培养一份目标感。

8~10 岁建立看得见的目标：利用一个较长期的活动，来为孩子树立一个看得见的大目标，教孩子一种思维方式，也就是在做一个较重要的决定前，都要思考一下我做这件事要达到的目标是什么，为了这个目标我要经历哪些步骤，这是在教孩子独立思考的思维方式。

进入初中后建立志向目标：开始用短期目标和长期目标这样比较抽象的概念来与孩子讨论他的爱好、特长、志向和梦想，这也是在帮助孩子梳理他对自己人生价值的一份认识和探索。这个阶段是家长与孩子一起建设共同的精神家园的重要时期，如果家长忽视了这部分精神的连接，孩子在目标的建立和完成方面会与父母渐行渐远的。

由此可见我们在三个阶段中要帮助孩子建立的目标是由小变大的。因此，我们再来看看在小目标阶段要做些什么准备。在6~8岁，孩子的因果逻辑关系还没有很好建立起来，开始做一件事时还不会预想建立一个什么目标，孩子一般都会从一个直接的愿望出发开始行动。因此，我通常会把小目标与孩子在日常生活里看得见、摸得到的小事情、小任务绑定，以此引导孩子真实地感受目标是什么，目标能为自己带来什么好处，这是在培养最早也是最自然的一种目标感。

记得我的两个孩子还小的时候，每周五晚上我都会带领他们讨论一下这个周末要达成的几个小目标。比如，哥哥的小目标是完成阅读计划，因此他要和妈妈一起去书店买拓展阅读的书，回来后要完成阅读，并和妈妈一起来聊一聊读后感；弟弟需要画一幅水彩画，因此他需要妈妈和他一起去买绘画的材料，并需要妈妈协助他找到画画的主题等；妈妈呢，也有一个小目标，就是要为全家做一次比萨，所以孩子们要陪妈妈去超市买食物材料，回来后帮妈妈找食谱，决定做什么味道的比萨饼，等等。有没有发现，我和孩子们从生活的小细节入手来谈一个小目标，其实一点也不难，因为它具象，孩子易懂易操作。妈妈要施展的魔法就是为生活中的一些小事总结出一个小目标，这就犹如“画龙点睛”，如果把我们的孩子比作一条小龙，那么让孩子知道自己做事的目标其实就是在为他“点睛”。

这里还有一个关键点，就是父母需要逐渐拉长实现目标的时间。孩子越小，目标得以实现的时间就要越短，例如弟弟画水彩画的目标从准备到结束，可能只需要1~2个小时；哥哥年龄大了，他的阅读计划可以拉长到一整天，甚至整个周末的两天。所以，小目标随着年龄的变化可以慢慢地被充实，变成一个大目标。拿弟弟画画作为案例，他完成一幅小画只需要 1 个小时，但是我引荐他去参加一个公益的画展，那么这个画画的目标实现时间又被加长了一大截，内容层次也变得更丰富起来了。比如，我还会邀请绘画老师为孩子的画提出修改意见，他自己也会学习如何为画展编写个人履历介绍，为自己的画配上一个标题，甚至写一句话来作为主题阐述等。这个过程就是让孩子知道做任何一件事情，都是从原点出发，然后要去找到一个目的地。这个就是我希望赋予孩子的目标感，有了目标感的孩子就好像“长了魂灵头”，这是我小时候经常听大人夸孩子懂事、有方向感的话，而“长了魂灵头”的孩子做事就有了精神气。

那么接下来的大目标阶段要做什么呢？进入小学高年级后，孩子的理解力和认知力都大有长进，我会利用一个较长期的活动来为孩子树立一个看得见的大目标。例如，当小儿子看到哥哥长出蛀牙后所经历的各种治疗的痛苦，便和我定下了一个大目标，就是坚决不让自己长出蛀牙。这时我乘机让他说说实现目标的几个步骤。他说，第一，每天记得早晚刷牙；第二，晚上不能在床上吃东西；第三，刷牙要认真，一定要用带辣味的牙膏（以前很抗拒）；第四，要经常去看 Grace 医生（哥哥的牙医）等等。由此可以看出，一个有了目标感的孩子自己会转动脑子，思考实现目标的一个个小步骤。

因此，当父母和孩子一起建立目标时，不要太急于看到所谓的好成果，而是要习惯做一个隐形的提醒者。为什么说隐形呢？因为当孩子渐渐长大时，如果家长还是沿用像在教训小婴儿一样的方式时时叮嘱，那么孩子会厌恶。因此适时提醒也可以换一种模式，可以采用有趣的、视觉化的方式，比如我经常会给儿子们留一张漂亮的小贴纸，上边写上一句温暖的话，落款处会写我的英文名字“Jane”，还会画上我的特色标志一双爱心，向孩子们表示亲切和平等的爱意。

与此同时我也会开始和孩子谈论学习之外的一些话题了。比如，这个学期课余希望学一个什么兴趣项目，参加一个校内的什么合作项目，等等。在选择这些项目前，一般我都会让孩子告诉我参加这些项目的目标是什么。记得小儿子在初中时曾报名参加演讲比赛，他告诉我这是为了锻炼自己的演讲能力和快速思辨的能力。为了实现这个目标，他需要在学校接受培训，参加实战练习，还需要做很多相关的准备，比如大量的案前准备、做阅读笔记、写演讲稿、快速提升词汇量、为演讲做好心理建设、关注演讲时的肢体语言和脸部表情等。经过整整两年的锻炼，他的综合演讲能力提升得非常快，这也让他自信心倍增，感受到了一个历时两年的大目标指引自己付出两年的努力，最后为自己带来了好成果。

最后，就是建立长期目标阶段了。在初高中阶段，我会把短期目标与长期目标绑定，也就是把若干个短期目标与一个长期目标关联起来，然后这个长期目标又必须与孩子未来的志向绑定，这样的长期目标就不会有一个明确的时间节点了，它基本属于一个人的终身追求，诸如爱好、特长、志向和梦想。虽然在探索和追求的过程中爱好和特长会发生变化，但是孩子在心中建立起来的人生大志向是很难变的，从这个志向里还会生发出自己的梦想。所以在我眼里，长期计划就是关乎孩子价值观和世界观的早期目标建立。有了这份志向后，孩子考什么大学，学什么专业，以后的职业方向是什么，等等，都会自然地一一浮出水面。

那么如何制定一个如此重要的长期目标呢？我会先从孩子想要实现的一个最实际的短期目标入手。比如，小儿子从小和我一起送哥哥去参加独立夏令营，于是从8岁起他也每年报考去世界各地的音乐夏令营，因此在每年的3月收获一纸录取通知书是他一年一度最重要的奋斗目标。由于国际音乐夏令营的报名截止时间都在年底的最后2个月，所以每年秋季学校一开学，他就会和我一起动手为第二年的夏令营做申报准备了。他会主动准备自己的音乐作品，自觉规划好时间，独立在网上完成申请。就这样我们一起经历了8个暑假也就是8个短期目标，在这8年中孩子不断拓展出新的能力，从新能力中又不断孵化出新的目标。

刚开始，小儿子只是想和一群爱好音乐的小朋友们一起度过毫无牵挂的夏天。慢慢地，参加一年一度的独立夏令营演变成了他在少年时期的一个极其重要的组成部分。通过8个夏天的有序锻炼，他的独立生活能力和自我目标管理能力都得到了突飞猛进的发展。我发现在每年夏天还没结束前，他就会为下一个夏天寻找新的目标。渐渐地，童年远去，当初那个把音乐当作兴趣的少年，已经能够非常自信地认定他的人生目标就是为音乐和艺术献身。

他在接受一个个人音乐会后的采访中，如此描述自己的追求："我热爱着文学，热爱着美术，热爱着绘画，热爱着各种各样的视觉呈现方式，包括电影和各种各样的音乐。作为青春期少年的一种特质，我的理想一直在变，因此现在还没有一个定性的职业可以说出来。但是，我的未来一定跟艺术有关、跟音乐有关。作为一个年轻的创作者，我特别在乎的是音乐能够通过我为别人带来一点什么，这对我是非常重要的一个思考。"他还举例在武汉疫情暴发时，他和同学们不甘留在家里让自己陷入不能缓解的焦虑和恐惧中，决定携手世界各地的爱乐青少年，一起为武汉创作了一首抗疫歌曲，并在网上演出，募得了13万元善款，捐献给了武汉的医院。他说："这是近几年来音乐能够带给我的最大也是最完整的快乐和幸福感！"

作为孩子身边的一个同行者和旁观者，我看到了8个美好的暑期、8个短期目标被关联在一起，成就了一个更遥远、更长期的目标，那就是孩子对自己、对他人和对社会的一份有责任的态度和有担当的人生观。因此，我深深体会到了咬住目标不放松的巨大魅力，那就是成人比成事更重要，成事是一个个短期目标，成人才是长期目标。所以，在养育的过程中，我们千万不能把成事当作长期目标，结果弄丢的恰恰是孩子本身。只要我们和孩子一起选对了事/短期目标，把它们锲而不舍地关联起来，孩子就会在对的事情里一点点地站立起来，独立起来，成就起来，那么长期目标就在被看见和被实现的过程中。

因此，我从与小儿子相伴而行的最近一个8年中，体会到当孩子进入12~16岁阶段时，家长最需要引导的是让孩子找到自己心中的能量聚焦点，也就是自己的人生目标。大部分家长会认为人生目标是一个看不见、摸不着的东西，怎么可以和孩子讲通呢？还不如直接说"只要考上大学，你就什么都会有的"更容易。其实，家长只要做一个有心人，在孩子进入初中后帮助他找到自己的优势能力项（详见第02章第三、四节），并为这项优势设定好能力和特长的短期发展目标，那么接下来家长只需要"陪跑"一个个短期目标就好了。孩子在实现短期目标的过程中，自然会不断地提升优势能力和特长水平，同时还会孵化出早期的人生志向。

至于大部分家庭关心的升学问题，到底是让孩子继续升入高中后报考大学，还是早一点转向职业技能的培训，其实都属于发现优势能力之后再做的全盘考虑。只要家长能真正站在孩子的立场上看明白他的优势在哪里，便能看明白孩子应该往哪儿升学、往哪儿使力。一旦升学的目标适合孩子的能力和特长，他自己就会咬定目标不放松地钻研下去，他才能有信心为目标坚守到底。很多时候，一个长期的目标犹如在一个漆黑的隧道尽头透出来的那一团光亮，它才是最重要的，只要紧盯着它就可以忘却恐惧，就能战胜挑战。然而这团光亮必须是孩子眼里看到的，否则孩子只能被长长的隧道吓住，看不到希望。

心理学研究发现，在执行技能组合中，咬定目标不放松是最后一批发展成熟的技能，而且它需要花很长的时间来培育和实践①。为此，我总结了培养咬定目标的三个核心要点。

第一，目标必须从小到大，从有形到无形，从看得见向看不见过渡。家长不能沉浸在有形的目标里不能自拔，当孩子进入青春期后，他更需要的是建立无形的、有精神价值的目标。

第二，目标必须围绕着优势能力和特长来制定和发展，这样孩子才会对目标抱有信心，才会主动去追求和实现目标。

第三，父母最要避免的是夸夸其谈一个长远的、与孩子现阶段的生活、学习和兴趣不沾边的目标，因为这会让孩子在迷茫之余产生厌烦心理。

---

① 资料来源：[美]佩格·道森、理查德·奎尔著，王正林译，《聪明却混乱的孩子：利用“执行技能训练”提升孩子学习力和专注力》，机械工业出版社 2020 年版。

学会掌控时间，先学习克服时间预估偏差

有了目标感，我们就要来谈时间感了。我在前面介绍过一个监控完成作业时间的好办法，就是先教孩子估算出做作业的时间长度，然后每天按这个时长标准来完成作业，这就相当于在孩子的心里设立了一个时间小目标，再配以小工具和小技巧来帮助孩子认识时间和规划时间。那么在这一节里，我们需要从更成熟的角度来看待时间管理，也就是要提升孩子自我管理时间的能力。

时间管理最核心的三个技能就是能够估计自己有多少时间、决定如何分配时间以及怎样在时间期限和截止日期之前把事情做完。① 由此可见，预估时间是管理时间的第一个重要环节。所以，管理时间，先要克服“时间预估偏差”。

为何估计时间这么重要呢？因为准确预估时间决定了一个人能否按时完成任务，这里涉及预估两个方面的时间：第一，我做成一件事需要多少时间；第二，我目前有多少时间可以用在这个任务上。一个善于管理时间的人，必须是能够准确预估并匹配好以上两种时间的人。然而，即使大人都很难做好时间预估，例如我们迟到时经常会这样说：“哎呀，没想到路上这么堵啊！”可是仔细想一想迟到的根源不是堵车，而是我们没有把可能会堵车的时间预估进去，因此还是在估计时间上出了偏差。对于孩子来说，预估时间就更难了。我发现孩子晚交作业的最大概率发生在周一的早上，因为他总觉得周末会有大把的时间可以用，所以

① 资料来源：[美] 佩格·道森、理查德·奎尔著，王正林译，《聪明却混乱的孩子：利用“执行技能训练”提升孩子学习力和专注力》，机械工业出版社 2020 年版。

总也不想动手做作业，直到最后一刻发现两天的时间过得太快了，一下子就到了周日的晚上。因此，孩子需要预估的时间越长，他就越难把握估计时间的精准度，因此常常会出现严重的误算和较大的偏差。

我们来看一个实验就知道小学生对时间的感知和估计能力是多么有限，出现的与实际的偏差有多么大。有研究者让不同年级的小学生估计“一分钟”的长短，一年级的孩子估计平均为 11.5 秒，三年级的孩子为 24.8 秒，五年级的孩子为 31.1 秒。可以看出，小学生对时间的感知是不准确的，且倾向于低估时间的长度。① 从这个研究中我们了解到，孩子对时间的估计能力与年龄成长是成正向关系的，随着年龄的增长，时间预估的偏差在缩小，但是即使孩子到了 11~12 岁，他们的预估时间与客观时间之间还是存在着非常大的差距。因此，在小学阶段使用沙漏、“时间饼”等小工具，来引导孩子“看见”时间的长度，做一些初级的作业时间管理是很有必要的。同时，我们还需要在现实生活中带领孩子增强对时间长度的自然感知和准确估计，这样到了他独立行事时，时间感会变得更强，时间观念也会更清晰。为此，我总结出几个生活中的练习项目，当然家长也可以按自己孩子的实际情况来延展设计一些个性化的小练习。

小学低年级（1 ~ 3 年级）

采用时间沙漏来自我监控和管理做作业的时间，争取在规定的时间内完成某项作业。

晚上在规定好的时间段内自觉洗漱，准备上床睡觉。这里我特别提

① 资料来源：边玉芳著，《读懂孩子：心理学家实用教子宝典（6~12 岁）》，北京师范大学出版社 2014 年版。

醒给孩子一个 15~20 分钟的时间段，让他体会自己正在掌控时间的感受，争取在规定的最晚的时间期限内完成洗漱等任务。

练习在规定的时间内走出家门，去上学。也可以把这个练习延伸到孩子的各个活动中去，锻炼他到时不等、到时必须准备的习惯。还可以分配给孩子一个“敲钟人”的小角色，到了全家约定的时间，他就是提醒大家行动的人。

注意事项： 以上的练习都需要父母有限度地协助，父母不能包办代替孩子去完成任务。

小学高年级（4 ~ 6 年级）

开始从“时间饼”过渡到“每日惯例表”，独立安排和规划自己的课余活动、作业和生活任务。

开始练习灵活调整时间，如果写作业时间与其他活动时间相冲突，孩子会主动提前完成作业，或主动提议在活动结束后的某个时段来快速完成作业等。

开始练习预估时间，目的是减少“我有多少时间”与“我需要花多少时间”之间的认知偏差，为初中时期完成长期学习任务做好准备。

注意事项： 以上所有的练习都需要父母适时地协助，可以在学期开始时帮助孩子建立好意识和方法，然后逐步退出。

初高中阶段

继续提升预估时间的能力，目的是消灭时间偏差带来的不良后果。

开始采用“要事优先”的思维方式，在安排自己的日程中显示出较好的自控力。

开始练习把一个较长期的学习任务分成几个小任务，再合理分配到每一天的日程里去，制定“时间预估表”（我在下文中会介绍），用它来跟踪作业完成的时间。

保证在规定的睡觉时间上床，在睡觉前能够独立完成学校作业。

注意事项：父母需要从协助“做”的角色转换到协助“讨论”的角色，逐步退出孩子的空间，让孩子具有独立管理时间的练习机会。

准确估计时间，需要从生活小事开始练起。大家还记得我在《父母的格局》里讲过一个旅行小故事吗？当时我和16岁的大儿子在日本京都旅行，想去参观一个美术馆。负责行程的他看了一眼地图，便告诉我这是一条直直的大街，顺着大道走下去几分钟就可以走到。于是我跟着他走了一个多小时的冤枉路，原来他忽略了纸面地图上的距离与实际地域上的距离是有倍数差距的，也因此在估算时间上出了意想不到的大偏差。可当时我还是决定用陪伴他行走的方式，让他彻底体验到预估时间出偏差后会给自己和妈妈带来什么样的后果。最后，他告诉我以后绝不会再犯同样的低级错误了。

其实事后看这些错误，它们的确属于低级错误，但是孩子乃至大人都会有出现认知死角的时候。因此，我建议家长在生活里要多和孩子玩点预估时间的游戏，让抽象的时间变得生动起来，让孩子对时间的感知从具体感受过渡到抽象领会，从敏感走向思考。这里我列出三个类型的练习，供父母参考使用。

第一，生活类练习。给孩子一些他感兴趣的生活小任务来练习，先从时长较短的、5 分钟以内的任务开始做起。比如，吃完饭把一堆碗筷放入洗碗机的任务，在开始动手以前我们在电脑上先制作一张五栏表格，从左至右的栏目分别为练习日期、练习项目、我的预估时间、我完成任务的时间、时间偏差，我把这张表格称作“时间预估表”。填写这张表格的过程就像在玩一个游戏，我们让孩子先预估一个把碗筷全部放入洗碗机的时间长度，然后记录在“我的预估时间”栏目中；接下来开始使用沙漏或时钟来计算任务实际完成的时长，并把它记录在“我完成任务的时间”栏目；最后把预估时长和实际时长做一个对比，在“时间偏差”栏目中填上偏差的时间数字。在使用这张表跟踪和记录一段时间后，就可以看出孩子在时间感知方面的进步，这时就可以和孩子一起玩预测时间更长的任务游戏了。比如，晚上出去散步，绕公园走一圈需要多少时间，去外婆家坐地铁需要多少时间，等等。如果孩子年龄还小，家长可以让孩子说，由大人来做时间记录。

表 4-2　时间预估表

练习日期	练习项目	我的预估时间	我完成任务的时间	时间偏差
5 月 27 日	学习：做数学作业	30 分钟	25 分钟	提早 5 分钟
5 月 27 日	家务：晚饭后把碗筷放入洗碗机	10 分钟	12 分钟	超时 2 分钟
5 月 27 日	生活：从家门口走到地铁站	8 分钟	11 分钟	超时 3 分钟

第二，活动类练习。在生活中自主性越强的兴趣活动，对增强孩子

时间感的作用就越好，因为孩子能有更强的自我掌控感。其中体育、音乐和舞蹈都是练习时间感的最佳方法。因为在这些活动中，老师或教练都会非常强调动作与时间之间的准确配合度，个人与队友之间的时间配合度，等等。而且，这些活动都需要孩子按时按量来持续性地做练习，这会让孩子以最自然的方式理解花多少时间出多少活的因果关系：我练得越多，我的成绩/成果/表现就会越好。还有一个重要环节就是多安排孩子参与集体活动，因为这类需要互相协作的活动项目最能培养孩子的大局思维和与他人配合的时间观念，所以无论你的孩子目前在学一门什么样的兴趣技能，都要为这个技能找到一起练习、一起表演、一起观摩或一起参赛的机会，切忌让孩子一个人练习太久，他在失去时间感的同时也会失去兴趣的。

第三，学习类练习。对于年龄小的孩子，家长会协助管理得多一点。但是到了中学之后的阶段，孩子的自主意识开始快速增强，父母需要逐渐退到幕后，因此家长对孩子的行为管控和时间监督也会逐渐放松。这时孩子的社交活动也开始增多，各种兴趣爱好也开始抢学习的时间了。因此围绕着学习，孩子需要练习更有效、更自主地安排时间的技能。比如，面对突发的事件或越来越多的课余活动，孩子需要时时启动我前边介绍过的“要事优先”技能，以此作为时间规划的主心骨。而周末则是做“要事优先”的时间分配练习的最好时机，因此我通常会在周五晚上或周六早上，和孩子开一个短短的碰头会，让孩子做出周六和周日两天的学习惯例表，让他们对自己所做的时间分配了然于心。引导孩子做惯例表的窍门是，不要让小事变大、变复杂，而是要化繁为简，做到条理分明即可。

为此，我也总结了三个步骤。第一步，让孩子列出所有要做的事，然后为它们排出优先等级，一切与学习相关的排为打星的优先级，然后按照“要事优先”的原则做出学习惯例表，其目标就是保证先完成被排在优先级的各项学习任务；第二步，开始做作业前启动“时间预估表”，记录下自己对完成作业所需要用的预估时间；第三步，记录几点开始做作业、几点完成作业，最后把花掉的时间与预估的时间做对比，记录下两者的差别。

希望通过这样的练习，孩子可以慢慢地看到时间的流逝，理解什么叫效率，同时也可以避免家长与孩子直接发生冲突。我的做法是只有当作业完成的进度与预估的时间发生较严重的偏差时（15~30 分钟），才有的放矢地与孩子谈话，一起就事论事找原因，同时提一些有建设性的建议。

我们还要特别关注一个现实，就是孩子对自己的时间效能总会估计过高，也就是过高估计自己在单位时间里完成作业的能力，用大白话来形容就是过于自信。我的大儿子在上学时经常会说这样的话：“就这么点作业，你着什么急？我什么时候做都来得及呀。”这就像 2 岁的孩子，总喜欢说“让我来”一样，自信爆棚到以为天下什么事都可以自己搞定。因此，我们还是要从看得见的“时间预估表”入手，鼓励孩子养成记录时间的习惯，然后选一个时间定时检查一下预估表，让孩子清楚地看到原来自己的预估是有偏差的，这比妈妈在那里干着急有效得多。

最后我还想说一个最核心也是最棘手的问题，那就是孩子的时间管理能力与孩子的自我价值感是紧紧相连的。当一个孩子觉得自己是无用的人，自己做什么事都不如别人，世上没人在乎自己所做的事时，那么时间对他来说就是无用的。他还会错误地觉得时间要么是被用来管他的，要么就是被用来宠他的。因此，我建议你回顾一下第01章第二节的内容，了解一下时间对孩子存在感的意义。

整合执行技能，实现自我管理

就算成年后，每个人也都有执行能力组合的强势项和弱势项。比如，有的孩子规划能力弱，但行动力强，也就是说，他很不会做计划，但专注力好，也能很快地着手做一件事。这样的人，他适合完成短期任务，处理不了长期任务。那么家长先要用自己的计划能力去弥补孩子的缺失，跟孩子一起做计划，慢慢引导孩子学会自己做计划。先做一天的计划，再做一周的计划……这就是家长要用自己的强势项去弥补孩子的弱势项，并引导孩子的弱势项发育成强势项。如果孩子始终没有那么擅长做计划，也不要强求，要接受他这一项没有先天优势，只要能培养到不影响日常生活的程度就好。

但更重要的是，要抓住孩子的强势项。比如，孩子的最强能力项是咬定目标，特别有恒心，一旦开始就不达目的不罢休，比如踢足球他能坚持训练，直到比赛中进球；弹钢琴练习一首曲子一定要练到流畅……这些都是咬定目标的能力的表现，这个能力非常宝贵，要鼓励他继续强化。但同时孩子虽然咬定目标，但可能有点拖延，就是很难开始，比如总是想玩游戏，不想开始练琴，那就温和地提醒他弹出流畅的曲子这个目标，或者只促使他先坐在钢琴边弹几个音，在“着手”这一点上帮帮他，当他真的弹好了一支又一支曲子，对钢琴的兴趣越来越浓厚，那么开始练琴这个困难，会越来越容易被克服。先不要盯细节，要盯大框架，不然就成了家长替代他训练执行技能了。

发现能力弱势项，从洞察孩子的行为细节开始。每个人都有自己的弱势和强势能力组合项。拿我自己来说，保持专注力和咬定目标不放松是我最强的两项执行技能优势，我一旦锁定目标，便能排除一切干扰，专注于实现这个目标。但同时这个优势项也衍生出了我的弱势项，那就是时间管理上的问题。由于我太专注于一个目标，我常常会放弃、放任、拖延一些我认为当前不太重要的事，以至于许多事情被积压，甚至被严重地延误。这是我对自己长期观察得出的结论，发现孩子的弱势项时，也需要花时间去洞察孩子的具体行为。

比如，一个妈妈告诉我，她的孩子总是晚交作业，或是在规定的时间节点做不完作业，因此经常被老师点名批评。那么，这里涉及的执行技能可能是整理、制订计划 / 要事优先、着手行动、时间管理等，但到底是哪个方面出了问题呢？这是在解决问题前我们先需要做的评估。首先，这个妈妈需要和孩子一起回顾每天放学回家后发生的事，最好让孩子把它们一步步地按时间顺序写在一块黑板或一张纸上；其次，按这张时间顺序表来寻找出发生问题的环节，看看孩子在哪个地方耽误了行动的进度。果然妈妈发现了隐藏的问题，孩子做时间计划的确是强项，他每天都能把作业计划做得很好，然后按时拍照发给妈妈看。可是给妈妈看过计划后，他便开始去做其他更吸引他的事情，迟迟没开始做作业。妈妈一下子发现了问题原来就出在“着手行动”的技能环节上了。之后这位妈妈想出了一个新办法，来解决孩子自我管理上的瓶颈问题。她采用了我之前介绍到的制定“时间预估表”，让孩子分别记录下每一项作业开始的时间和结束的时间；在完成作业后还需要多加一个程序，就是算出一个预估时间的偏差值。没想到这个孩子觉得每次记录自己的预估时间，然后再计算出一个偏差值倒是挺好玩的，于是乐此不疲地做起“跟踪调研”来，在不知不觉间他提升了自己“着手行动”的技能水平。

这个案例告诉我们，发现和诊断出孩子弱势项的过程，不是靠唠叨、督促和奖罚来实现的；相反，我们要把它看成是一个带领孩子洞察自己、改变自己的过程。发现弱势项可以是在家里，也可以从老师和同学们那里得到一些反馈信息。比如，了解老师在本学期内对学生核心能力的期望，如果孩子的弱势恰好就是老师的核心能力要求，那么必须先改善这部分弱势项。比如，在孩子读小学低年级时，要会整理书包（整理技能），不迟到（时间管理）；到高年级时，要能在家长的协助下给作业分类，理解作业要求，直到独立完成这两个步骤（时间管理）。

同时，我也建议家长邀请孩子的一些朋友来家里，围绕着一个活动项目一起动手做一张执行能力分析表，以及“时间预估表”。在悄无声息的对比下，让孩子看到别人的优势能力和需要提升的弱势项是什么。我们也会发现，凡是能较好掌握时间管理、制订计划 / 要事优先这两项执行技能的孩子，学习能力也不会太差，而且随着年级的上升，他们的这些优势还会变得越来越明显，因为他们在处理长期任务和多任务选项时，已经具备了策略的眼光和思维。因此，如果家长能够细心地为孩子营建一个互相影响的学习小团体，那么孩子也会被自然地带动起来为自己做出改变。

找到孩子的弱势项后，再来看看改善弱势技能最需要注意的是什么。分阶段改变是核心，也就是不求立即消除某个弱势项技能带来的全部问题。比如，孩子做事没有时间观念，总是拖拖拉拉。这是一个长期形成的问题，也是一个很难一次性拔除的深层问题。因此，我们必须分阶段来实施改变，先聚焦在减少缺乏时间观念带来的直接负面结果上。例如，在分析了孩子的底层学习问题后家长发现，影响孩子学习表现的最大障碍就是孩子拖拉着不做作业，因此被老师扣掉的作业分才是影响整体学习成绩的问题所在。因此，父母要做的干预必须分成两个阶段，当务之急就是为孩子的学业表现来一次紧急“止损”，先教孩子“着手行动”的技能，在短时间内改善写作业拖拉的问题，尽量在作业上少丢分；在解决完写作业拖拉的问题后，就需要解决家庭环境层面和孩子认知意识中的时间观念问题了，这就涉及我在这一章里介绍的整个时间管理的技能和工具了。值得提醒的是，父母这样分阶段带领孩子走出写作业拖拉困境的做法，也是在练习自己的“要事优先”执行技能，先抓住要害点攻破，再来做长期认知和执行能力的改变。

最后，还可以整合孩子自身的优弱势。假如孩子在咬定目标不放松上显示出较强的技能，从来没有缺席过学校的游泳训练，但学习表现一般，那么我们可以鼓励孩子运用坚持游泳的耐力和坚持，来克服自己在做作业时迟迟不肯动手的问题，可以考虑把做作业的环节安排在游泳之前。再比如，孩子动手能力很强，一旦遇到自己感兴趣的事就会一头扎进去，不完成任务不停手。那么这个能力就可以和要事优先的规划能力组合起来，在开始动手做任务前，先和孩子一起做一个任务分配的导图，再配上每项任务完成的时间表，这样就变成了完美的能力组合了。

为升学做准备：掌握元认知学习策略

在这一节中，我们讨论了孩子在设定目标之后，还要克服项目时间预估出现的偏差，再结合自己的强弱势项来改善行动能力，这样才能达到高效学习的目的。如果我们把这个自我目标设定、自我评估、自我调控的过程连贯起来看，便发现能做好这样一条龙自我管理的孩子，实在是凤毛麟角。因为，这样的孩子除了成绩好，还需要具备一项稀有的能力，那就是认识自己和协调自己的能力。

什么叫认识自己？要认识自己的什么呢？这里有三方面的“自我认识”对学习很重要：第一，认识自己知道什么、不知道什么，因此学会思考自己想要学什么；第二，了解自己哪项能力强、哪项能力弱，因此学会了解自己该聚焦哪个强势项发展、改善哪个弱势项；第三，明白自己怎么做会变得更有优势，或变得劣势更少，所以学会为自己制订“扬长避短”的计划。总结这三项“自我认识”，就是知道不懂什么、弱点在哪儿、如何做。

然而，在我国的学校教育和家庭教育中，这项稀有能力很少被详细讨论。在学校，老师可能会把它统称为这个孩子具有良好的“反思”能力；在家里，家长可能会把它简称为这孩子特“懂道理”。美国儿童心理学家弗拉威尔在1976年出版了一本书叫《认知发展》，在书中他提出了“元认知”，英文是Metacognition。meta的意思是“超越”，cognition就是“认知”，从字面来解释就是高于认知的认知，在心理学上则被称为“对思维的思维”，也就是一个人对自己所知、所思考和所学习的认知，以及调控这个认知过程的能力。

听起来是否有点绕？我来给你举个例子。孩子在 4~6 岁之间开始发展出一种认知能力，就是能自觉地通过观察和思考来发现错误，并自我纠正。比如，你在孩子面前放两个盒子，一个印着巧克力图片，一个没有印任何图片。一开始，孩子们都先去打开印有巧克力图片的盒子，因为他们想当然地以为那里面有巧克力。可是，打开后却发现里面没有巧克力，但打开没有图片的盒子却发现了巧克力。于是，在接下来的活动中，有一部分孩子就有能力再次选择没有图片的盒子，在那里找到巧克力。这说明这部分孩子的元认知已经在建立过程中，他们对错误的观念（印着巧克力图片的盒子里有巧克力）进行了反思和纠正。因此元认知能够帮助孩子改善自己在执行各项任务中的思维和行为。

那么，这个元认知能力对孩子的学习又意味着什么呢？有研究表明，从中学阶段开始，学业成绩与简单的学习策略（如复述、背诵等）关联不大，而与元认知策略呈显著正向关系，即中学生使用元认知策略的水平越高，成绩越好。[①] 我的小儿子刚从双语学校转到公立学校上高一时，最头痛的学习项目就是古文了，因为以前他很少接触到。可是短短两年时间他赶上来了，语文成绩也越来越好。我找他聊了一下学习方法，他告诉我几个自学和备考的窍门。首先，他觉得自己中文底子差，靠死记硬背无论如何都追不上同学们的水平，因此要针对自己的现状，找出适合自己的学习方法。他发现英文里有词根，只要找对词根的含义，就能很快理解从相同词根上延展出来的生词了。因此，这个背单词的方法可以为他节省下很多时间去做其他作业。同理，他把这个学习方法迁移到

① 资料来源：边玉芳著，《读懂孩子：心理学家实用教子宝典（12~18 岁）》，北京师范大学出版社 2014 年版。

中文上，他发现古文非常讲究造字的偏旁部首，这些字很多还都保留了象形文字的模样，于是他就把象形的偏旁和部首集中起来，为每一课的新词做一个归类，很快他就找出了记忆和理解古文的规律。

其次，他说考试前他会做两件事。第一件事是找老师聊这次考试的方向、形式和复习的范围。他会仔细聆听老师的各项建议，然后会翻看和整理过去的课堂笔记，抓出复习重点做成提纲，在此基础上做重点备考的练习。第二件事，他会组织一个学习小组，在考前帮大家复习。只要别的同学提出的问题自己不懂，他就要立马自学补上；一旦自己也没法搞懂这些问题，他会立即找老师，他告诉我的原话是“千万不要自己糊弄自己，随便混过去”。

从以上这两个案例中，我们看明白了一个道理，学前幼龄孩子的认知进步靠的是良好的观察力和对观察结果的反思能力，因此家长从 4 岁开始就应该关注和培养孩子的早期元认知能力。到了初高中学习阶段，面对大量的、抽象的学习内容，孩子更需要的是对学习方法和学习能力的监控和反馈能力，就如我的小儿子学古文，他会把英语学习中的词根解读法迁移到古文学习的偏旁部首上，快速提升学习效率。在考试前他为自己设定三个备考步骤：找老师聊考试范围和方向、为自己归纳复习重点和输出型的小组动态学习模式。这些都体现了一个高中生应该具备的学习策略，他会从知识点的表面结构出发，找到学习的深层知识结构。这也提醒了我们，与其用人盯人的陪写作业模式来和孩子每天“做斗争”，还不如趁早学习元认知的思维模式，用更科学的方法来辅导和引导孩子高效学习。为此，我来介绍一个元认知高效学习的三步骤，它们是学习计划—自我监控—自我调节。我们可以把它运用在自己与孩子的互动中；当然更好的是，让孩子在与我们的互动中，在潜移默化中把这三个步骤记到大脑中，成为自主学习的思维模式。

步骤一，为学习做计划。这就是引导孩子从小就学习为生活中的小事做计划，年龄小的时候不会写，可以口头大声把计划讲出来；年龄大了，就把计划写出来。这部分内容我在本章第二节中已经详细介绍了。我还有一个体会，就是一开始教孩子做计划，最有效的方式是要与他的兴趣和生活挂钩，这样孩子才会觉得有趣、有动力。

步骤二，教孩子自我监控学习过程，也就是要对自己定出的学习计划里的各个实施环节进行跟踪和评估。我在这一节中提到的克服时间预估偏差就是一个非常重要的监控时间的过程，而项目“时间预估表”更是一个容易操作的监控小工具，其中涉及了自我反馈（记录开始和完成时间）、自我对话（我的预估时间、我完成任务的时间）和自我修正（找出时间偏差及原因）。现在，我的孩子正在备考明年的大学，他需要跟踪各类在校学习项目、校外活动项目，以及大学统考的日期、申报大学需要完成的文书和案例，等等。这每一项都有时间节点，都有具体要求，如果孩子到了高二还不具备自我监控的学习机制，那么父母怎么催、拉、拽收效都不会好。

所以，在这里我想介绍一下“K-W-L-S”学习小工具。在《学习的格局》中，我把“K-W-L”这个小工具当作培养孩子提问能力的小练习，现在用同样的练习，调整一下内容就可以用在小学年龄段的学习上，这有助于孩子养成自我监控学习过程的能力。以下是自我监控的四个任务环节。

“K”就是“know”：代表“我知道的内容”。引导孩子对自己的学习做一个“预评估”，审视一下关于这个主题，自己有哪些知道与不知道的内容。

“W”就是“want”：代表“我想知道/学习的内容”。提示孩子针对这个学习主题展开思考，问问自己最想解决的问题是哪些，我感到最混乱或迷惑不清的内容是什么，这是为学习做“预归纳”，找出重点问题/聚焦学习的区域。

“L”就是“learned”：代表“我学到的内容”。提醒孩子对刚学过的内容进行“复盘和评估”，可以指导孩子把K项与W项做对比分析，发现学习后自己有了哪些新认识、新理解、新改变和新进步。

“S”就是“still”：代表需要“继续学习/研究”的内容。这些内容可以再作为问题，继续思考下去。比如可以为自己留言：“这次测验某部分做得不好，下次应该做出某方面的改变。”

表4-3　元认知练习小工具：K-W-L-S表

主题：鹦鹉，我了解多少？			
我知道的（K）	我想知道的（W）	我学到的（L）	继续学习/研究（S）
是一种攀禽	吃什么	吃杂粮、蔬菜、水果	飞行能力
颜色丰富	寿命	小型的能活8~20年	住在哪里
会学人说话	为什么能说话	舌头与人的相似	能说话的其他原因

步骤三，教孩子根据步骤二自我监控的评估结果，做自我调节，对

学习方法做出相应的调整。最典型的例子就是在考试时，当孩子发现某道题目自己完全答不出时，他是否有能力调节好做题的节奏，在大脑中自然开启答题的策略。比如，直接跳过这一题，节省时间只做有把握的题；或者先蒙一个答案，如果时间来得及就再回来修改；或者统一从易到难来做卷子，让自己的思绪不停顿、不被打扰。从这个应试策略中可以看出，自我调节是建立在自我监控 / 自我判断下游的一个行为，只有当孩子对考试题和考试时间能做出合理的评估后，他才能为考试选择最佳答题方法。

记得小儿子曾与我分享过他上台演奏钢琴的经历。他说大部分演奏者最怕在舞台上出错，因此平时会拼命地、长时间地练琴，希望达到“肌肉记忆”的效果。可是，单纯地跟着手的“肌肉记忆”也是非常危险的，因为“肌肉记忆”会把平时最容易犯错的地方刻在记忆里，只要上台一紧张，“肌肉记忆”就容易把心里觉得不自信的部分反映到手上。所以，小儿子给自己设定了一个练习模式：练琴的前半小时用大脑练，也就是要找出所有存在问题的地方，一个个纠正，一点点解决，不能急，更不能每次弹错了就直接跳过；等所有问题都解决好了，才能开始第二阶段的肌肉练习，而这时的肌肉练习基本就是对正确指法的记忆了。在正确的练习基础上，他还训练自己到了舞台上，万一手的“肌肉记忆”突然出现问题时，大脑就要立即告诉手该如何选择，是跳过这句，还是返回上一句，还是从头来一遍，等等。所以，自我调节这一步是元认知能力中最能帮助孩子临场发挥的心理素质。

到了初中阶段，无论孩子是“优等生”还是“补差生”，都需要学习和掌握元认知的学习策略，做好规划—监控—调节的练习，让学习方法变得灵活起来，而不会行使这三项能力的学生，即使是小学阶段的尖子生，到了初高中也会显现出学习问题。所以，从初中开始有意识地鼓励孩子多做自我计划、自我监控、自我调节，就犹如让孩子坐在驾驶座上，让他握着方向盘，知道如何使用；看着指示盘上的数据，知道如何调整车子行驶的速度；看着地图，明白如何寻找要去的方向。

小节结语

时间管理这个主题很大，大到我们要用一生来学习、试错、改变和驾驭。时间管理的精髓就是一个人的自我管理能力和自我管理的愿望。与其他技能相比，这是一些看不见的能量，需要从小在家庭的环境里被启蒙、滋养和壮大。昨天晚上，小儿子看着我为本章写下最后一句话时说："妈妈，我们一家人都太拼了。"是的，"拼"是可以被传递的，而"咬住目标不放松"也是可以被传染的。在我即将写作完成时，我想象了一个画面：待我们老去，而孩子都以自己的方式过着他们的人生时，我却发现其实他们和我保有了太多的相同点。我们今天不顾一切想要给他们的东西，其实在每一天的生活中早已经赋予他们了。18 年的时间就像一条生命的"脐带"，在不知不觉中父母影响、改变和塑造着孩子的早期人生。在任何时候、任何地方，家庭都是启蒙、滋养和壮大孩子内在力量最重要的人生基地。